KB035446

HOT TOPIK I

HOT

읽기

저자 **김순례. 김애라, 김종숙**

한글파크

머리말

한국어의 위상이 높아지면서 한국어능력시험을 준비하는 외국인 학습자도 증가하고 있습니다. 모든 시험이 그러하듯 시험을 준비하는 학습자의 마음은 불안하기 마련입니다. 한국어를 가르치는 선생님들의 마음도 이에 못지않을 겁니다. 한국어능력시험은 정해진 시험 범위를 학습하고 평가하는 성취도 시험이 아니기 때문에 더욱 그러할 것입니다. 이에 지난 20여 년간 한국어교육 현장에서의 경험을 살려『핫토픽 1 읽기 개정판』을 집필하였습니다.

읽기 시험을 준비하기 위해서는 어휘 · 문법은 기본이고 '내용 파악하기', '주제 및 중심 생각 고르기', '빈칸에 들어갈 알맞은 것 고르기', '순서에 맞게 나열하기', 등 다양한 문제의 유형을 파악하고 있어야 합니다. 뿐만 아니라 특정 주제에 대한 기본 지식이 없으면 텍스트의 이해 능력이 떨어지고 그 결과 정해진 시간 안에 문제를 다 풀지 못하여 자신의 기량을 다 발휘하지 못하는 결과가 발생합니다.

따라서『핫토픽 1 읽기 개정판』은 유형편, 주제편, 모의고사의 3개 파트로 나누어 구성하였습니다. 유형편에서는 한국어능력시험 41회부터 83회까지의 읽기 시험을 분석하여 9개 유형으로 나누고 각 유형에 대한 소개와 해설을 하였습니다. 또한 해당 유형의 시험을 잘 볼 수 있도록 '유형 적중 Tip'을 함께 하였고 그 유형에 익숙해질 수 있도록 연습문제도 함께 실었습니다. 주제편에서는 기존 읽기 시험에 출제 되었던 텍스트의 주제와 출제 가능한 주제를 Ⅰ.인물, Ⅱ.직업, Ⅲ.취미, Ⅳ.일상생활, Ⅴ.음식, Ⅵ.장소, Ⅶ.생활용품, Ⅷ.특별한 날, Ⅸ.생활 안내, Ⅹ.기타 · 상식 등 10개의 대주제로 나눴습니다. 각 대주제에는 12개의 소주제의 문제들로 구성되어 있는데 각 문제의 유형은 가장 많이 출제되는 '같은 내용 고르기', '괄호 넣기', '중심 생각 고르기', '문장 넣기', '순서 나열하기'로 재구성하였습니다. 유형편과 주제편으로 읽기 시험을 준비한 후 자신의 실력이 어느 정도인지 스스로 체크해 볼 수 있도록 모의고사를 2편 실었습니다. 그리고 부록에는 초급 문법 표현 101, 유형편 정답, 주제편 정답 및 영어 번역, 모의고사 정답을 실었고, 포켓북에는 초급 동사, 초급 형용사, 부사, 주제별 어휘를 실었습니다.

이 책이 한국어능력시험 읽기를 준비하면서 어떤 주제의 텍스트를 만나게 될지 모르는 외국인 학습자의 불안감을 덜어내는 데 조금이나마 도움이 되기를 바랍니다. 그리고 이 책의 출간을 흔쾌히 허락해 주시고 물심양면으로 도움을 주신 한글파크에도 진심으로 감사를 드립니다.

김순례, 김애라, 김종숙

TOPIK 읽기 시험이 궁금해요

TOPIK(한국어능력시험) I 에는 듣기, 읽기만 있는데요, 그럼 읽기 시험을 준비할 때 문법은 공부하지 않아도 되나요?

문법은 듣기, 읽기처럼 시험 과목으로 독립되어 있지 않지만 듣기, 읽기에 이미 다 포함되어 있습니다. 그래서 문법을 모르고 듣기, 읽기 시험을 잘 볼 수는 없습니다.

읽기 시험을 볼 때 모르는 어휘가 많아서 힘들어요.

한국 사람이라고 한국어 어휘를 모두 다 아는 것은 아닙니다. 앞뒤 문맥의 흐름과 문장을 통해 모르는 어휘를 추측해서 이해하는 것이지요. 그러니까 시험을 볼 때 모르는 어휘가 있어도 당황하지 마세요. 그리고 모르는 어휘에만 집중하지 말고 글 전체를 빨리 읽고 무슨 내용인지 추측하고 파악해야 합니다.

모르는 주제에 대한 어휘가 나오면 어떡하지요?

TOPIK에서는 다양한 주제가 읽기 문제로 출제될 수 있습니다. 따라서 다양한 주제의 문장을 많이 읽고 접하는 것이 좋습니다.

읽기 시험을 볼 때 시간이 부족해요.

시간이 부족하다면 너무 천천히 읽는 것은 아닌지 생각해 봐야 합니다. 그리고 읽기 문제의 유형이 다양하므로 유형별 문제에 익숙해지는 것이 중요합니다. 또한 연습문제나 모의고사를 풀 때는 꼭 시간을 체크하면서 시간을 단축시키는 연습을 하세요.

Aa

이 책의 구성

Part 1 유형편

기출문제를 분석하여 유형에 따라 9개로 나누었다. 각각의 유형에서는 먼저 유형에 대한 소개를 하고 문제에 대한 이해를 높여 정답에 접근할 수 있도록 구체적인 설명과 함께 정답을 제시하였다.

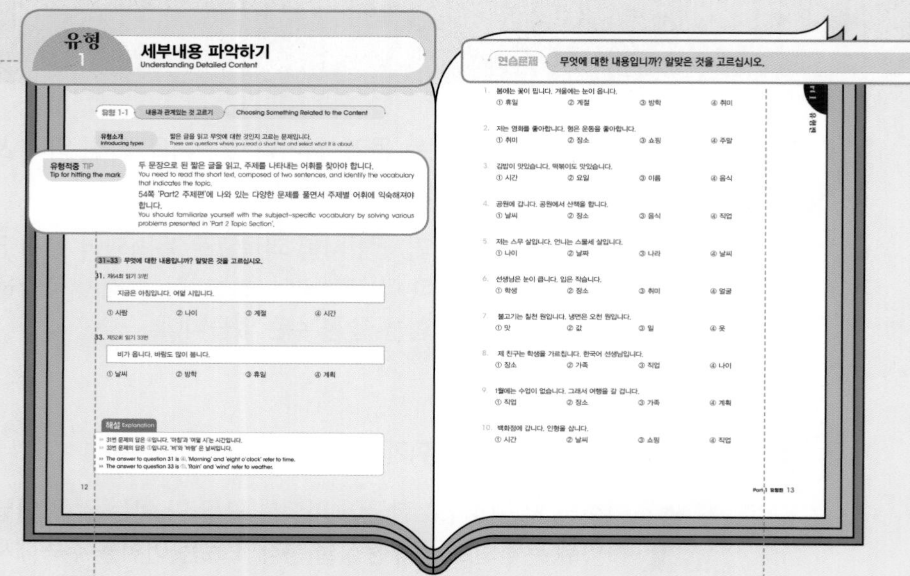

한 유형을 시작할 때마다 '유형 적중 Tip'을 넣어 해당 유형의 문제를 풀기 위해서는 어떻게 공부하고 준비해야 하는지를 설명하였다.

유형별 연습문제를 풀어 봄으로써 앞에서 설명한 방식을 적용하여 스스로 연습해 볼 수 있는 기회를 제공하였다.

Part 2 주제편

기출문제 텍스트를 분석하여내용에 따라 10개 주제로 분류하였다.

각 문제의 유형은 읽기 시험에서 가장 많이 출제되는 '같은 내용 고르기, 괄호 넣기, 중심 생각 고르기, 문장 넣기, 순서 나열하기 '의 다섯 유형으로 나누어 구성하였다.

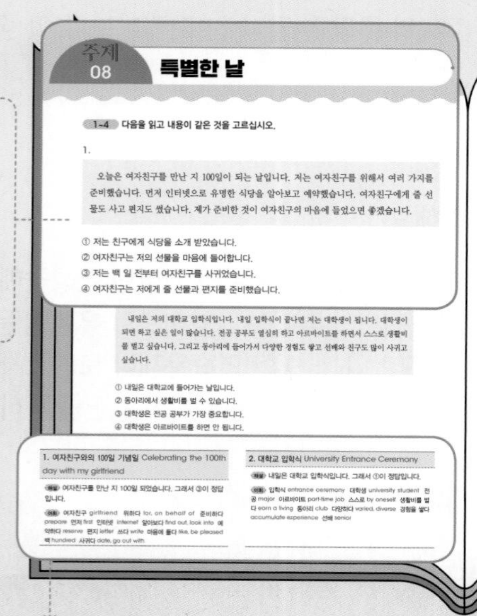

각각의 문제에는 정답에 효과적으로 접근할 수 있도록 설명을 하였고 주요 어휘도 함께 제시하였다.

또한 한 주제가 끝날 때마다 주요 어휘를 한데 묶어 영어·중국어·일본어·베트남어로 번역하여 제시함으로써 학습자들의 독해 능력 향상에 도움을 주고자 하였다.

Part 3 실전 모의고사

유형편과 주제편으로 읽기 시험을 준비한 후 자신의 실력이 어느 정도인지 스스로 체크해 볼 수 있도록 모의고사 2회분을 수록하였다. 문제를 풀면서 실제 시험을 치르는 것처럼 시간을 정해서 풀어 본다면 자신의 실력이 어느 정도인지 확인해 볼 수 있고, 어떤 부분이 부족한지도 스스로 체크해 볼 수 있을 것이다.

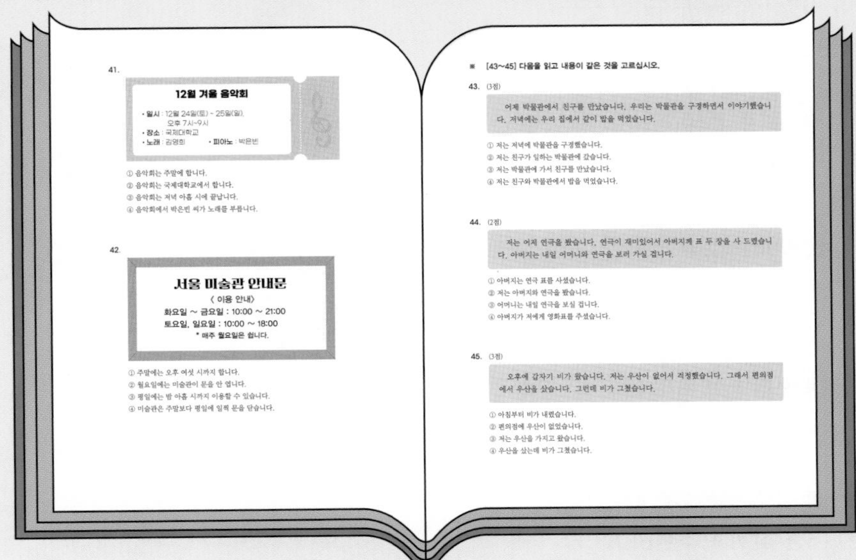

41.

12월 겨울 음악회

- 일시 : 12월 24일(토) ~ 25일(일), 오후 7시~9시
- 장소 : 국제대학교
- 노래 : 김영희 • 피아노 : 박은빈

① 음악회는 주말에 합니다.
② 음악회는 국제대학교에서 합니다.
③ 음악회는 저녁 아홉 시에 끝납니다.
④ 음악회에서 박은빈 씨가 노래를 부릅니다.

42.

서울 미술관 안내문

〈 이용 안내〉

화요일 ~ 금요일 : 10:00 ~ 21:00

토요일, 일요일 : 10:00 ~ 18:00

* 매주 월요일은 쉽니다.

① 주말에는 오후 여섯 시까지 합니다.
② 월요일에는 미술관이 문을 안 엽니다.
③ 평일에는 밤 아홉 시까지 이용할 수 있습니다.
④ 미술관은 주말보다 평일에 일찍 문을 닫습니다.

※ [43~45] 다음을 읽고 내용이 같은 것을 고르십시오.

43. (3점)

어제 박물관에서 친구를 만났습니다. 우리는 박물관을 구경하면서 이야기했습니다. 저녁에는 우리 집에서 같이 밥을 먹었습니다.

① 저는 저녁에 박물관을 구경했습니다.
② 저는 친구가 일하는 박물관에 갔습니다.
③ 저는 박물관에 가서 친구를 만났습니다.
④ 저는 친구와 박물관에서 밥을 먹었습니다.

44. (2점)

저는 어제 연극을 봤습니다. 연극이 재미있어서 아버지께 표 두 장을 사 드렸습니다. 아버지는 내일 어머니와 연극을 보러 가실 겁니다.

① 아버지는 연극 표를 사셨습니다.
② 저는 아버지와 연극을 봤습니다.
③ 어머니는 내일 연극을 보실 겁니다.
④ 아버지가 저에게 영화표를 주셨습니다.

45. (3점)

오후에 갑자기 비가 왔습니다. 저는 우산이 없어서 걱정했습니다. 그래서 편의점에서 우산을 샀습니다. 그런데 비가 그쳤습니다.

① 아침부터 비가 내렸습니다.
② 편의점에 우산이 없었습니다.
③ 저는 우산을 가지고 왔습니다.
④ 우산을 샀는데 비가 그쳤습니다.

부록

부록에는 초급 문법 표현 101, 유형편 정답, 주제편 정답 및 영어 번역, 모의고사 정답을 실었고, 포켓북에는 초급 동사, 초급 형용사, 부사, 주제별 어휘를 실었다.

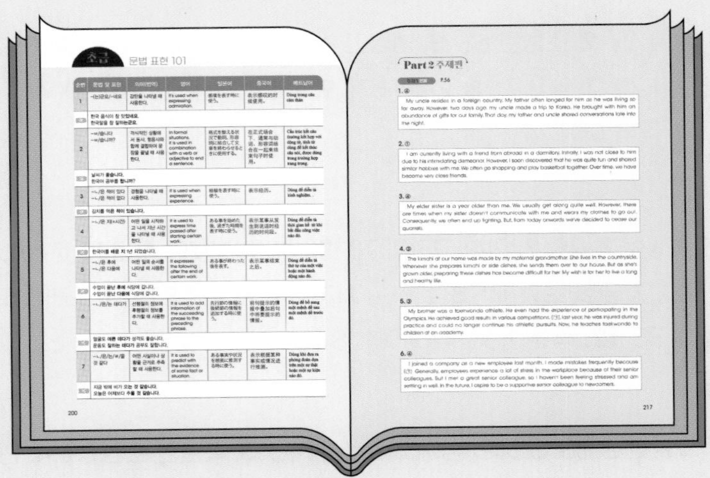

초급 문법 표현 101

Part 2 주제편

차례

Part 1 유형편

Part 2 주제편

Part 3 실전 모의고사

부록

한국어 능력시험(TOPIK)안내

한국어능력시험의 목적

- 한국어를 모국어로 하지 않는 재외동포 · 외국인의 한국어 학습 방향 제시 및 한국어 보급 확대
- 한국어 사용 능력을 측정 · 평가하여 그 결과를 국내 대학 유학 및 취업 등에 활용

응시 대상

한국어를 모국어로 하지 않는 재외동포 및 외국인으로서

- 한국어 학습자 및 국내 대학 유학 희망자
- 국내 · 외 한국 기업체 및 공공기관 취업 희망자
- 외국 학교에 재학중이거나 졸업한 재외국민

주관기관

교육부 국립국제교육원

시험의 수준 및 등급

- 시험수준: TOPIK I, TOPIK II
- 평가등급: 6개 등급(1~6급)

TOPIK Ⅰ		TOPIK Ⅱ			
1급	2급	3급	4급	5급	6급
80점 이상	140점 이상	120점 이상	150점 이상	190점 이상	230점 이상

시험 시간

구분	교시	영역	시간
TOPIK Ⅰ	1교시	듣기/읽기	100분
TOPIK Ⅱ	1교시	듣기/쓰기	110분
	2교시	읽기	70분

문항구성

❶ 수준별 구성

시험 수준	교시	영역/시간	유형	문항수	배점	배점총계
TOPIK Ⅰ	1교시	듣기(40분)	선택형	30	100	200
		읽기(60분)	선택형	40	100	
TOPIK Ⅱ	1교시	듣기(60분)	선택형	50	100	300
		쓰기(50분)	서답형	4	100	
	2교시	읽기(70분)	선택형	50	100	

❷ 문제유형

· 선택형 문항(4지선다형)

· 서답형 문항(쓰기 영역)

- 문장완성형(단답형): 2문항
- 작문형: 2문항
  (200~300자 정도의 중급 수준 설명문 1문항, 600~700자 정도의 고급 수준 논술문 1문항)

문제지의 종류

종류	A형	B형
시행지역	미주, 유럽, 아프리카	아시아, 오세아니아
시행요일	토요일	일요일

토픽 읽기 시험 내용

토픽 I 의 '읽기' 영역은 주어진 글을 읽고 문제를 푸는 것으로 다양한 형식의 문제가 제시된다.
어휘 · 문법 관련 표현 고르기, 밑줄 친 부분과 의미가 비슷한 것 고르기, 글의 내용을 보고 주제 찾기, 도표 분석하기, 문맥에 따른 글 순서 고르기, 문맥에 알맞은 말 고르기, 적절한 위치에 문장 넣기, 글과 일치하는 내용 고르기 등과 같은 다양한 유형의 문제가 출제된다. 그리고 한 지문을 통해 2~3개의 문제를 제시하기도 한다. 글의 주제로는 사회, 환경, 문화, 과학, 교육, 경제, 문학 등 다양한 분야의 글이 출제되는 편이다.
다양한 주제가 다양한 유형의 문제로 출제되지만 문제를 푸는 데 포인트가 되는 것은 바로 제시된 글의 핵심을 파악하는 것이다. 글의 내용이 무엇인지 파악하다면 어떤 형식의 문제라도 어렵지 않게 풀 수 있다. 따라서 '읽기' 영역을 공부하기 위해서는 최대한 많은 글을 접하고 그 글에서 말하고자 하는 바가 무엇인지 찾아보는 것이 중요하다고 할 수 있다. 그리고 문제에서 '무엇을 묻고자 하는지'를 파악하는 것도 중요하다. 또한 60분 동안 40문제를 풀어야 하기 때문에 읽기 연습을 많이 하지 않은 수험생들에게는 시간이 부족하게 느껴질 수도 있다. 그러므로 틈틈이 짧은 글이라도 많은 글을 읽으면서 어휘와 문법 공부도 병행하며 읽기 능력을 향상시킬 수 있어야 '읽기' 영역에서 높은 점수를 얻을 수 있다.

토픽 읽기 시험 내용

종류	A형	종류
TOPIK Ⅰ	1급	-자기 소개하기,물건 사기,음식 주문하기 등 생존에 필요한 기초적인 언어 기능을 수행할 수 있으며 자기 자신, 가족, 취미, 날씨 등 매우 사적이고 친숙한 화제에 관련된 내용을 이해하고 표현할 수 있다. -약 800개의 기초 어휘와 기본 문법에 대한 이해를 바탕으로 간단한 문장을 생성할 수 있다. 또한 간단한 생활문과 실용문을 이해하고, 구성할 수 있다.
	2급	-전화하기,부탁하기 등의 일상생활에 필요한 기능과 우체국, 은행 등의 공공시설 이용에 필요한 기능을 수행할 수 있다. -약1,500~2,000개의 어휘를 이용하여 사적이고 친숙한 화제에 관해 문단 단위로 이해하고 사용할 수 있다. -공식적 상황과 비공식적 상황에서의 언어를 구분해 사용할 수 있다.

Part

유형편

1

유형 1 세부내용 파악하기

Understanding Detailed Content

유형 1-1 내용과 관계있는 것 고르기 Choosing Something Related to the Content

유형소개
Introducing types

짧은 글을 읽고 무엇에 대한 것인지 고르는 문제입니다.
These are questions where you read a short text and select what it is about.

유형적중 TIP
Tip for hitting the mark

두 문장으로 된 짧은 글을 읽고, 주제를 나타내는 어휘를 찾아야 합니다.
You need to read the short text, composed of two sentences, and identify the vocabulary that indicates the topic.

54쪽 'Part2 주제편'에 나와 있는 다양한 문제를 풀면서 주제별 어휘에 익숙해져야 합니다.
You should familiarize yourself with the subject-specific vocabulary by solving various problems presented in 'Part 2 Topic Section'.

31~33 무엇에 대한 내용입니까? 알맞은 것을 고르십시오.

31. 제64회 읽기 31번

> 지금은 아침입니다. 여덟 시입니다.

① 사람 ② 나이 ③ 계절 ④ 시간

33. 제52회 읽기 33번

> 비가 옵니다. 바람도 많이 붑니다.

① 날씨 ② 방학 ③ 휴일 ④ 계획

해설 Explanation

» 31번 문제의 답은 ④입니다. '아침'과 '여덟 시'는 시간입니다.
» 33번 문제의 답은 ①입니다. '비'와 '바람' 은 날씨입니다.

» The answer to question 31 is ④. 'Morning' and 'eight o'clock' refer to time.
» The answer to question 33 is ①. 'Rain' and 'wind' refer to weather.

연습문제 무엇에 대한 내용입니까? 알맞은 것을 고르십시오.

1. 봄에는 꽃이 핍니다. 겨울에는 눈이 옵니다.
   ① 휴일 ② 계절 ③ 방학 ④ 취미

2. 저는 영화를 좋아합니다. 형은 운동을 좋아합니다.
   ① 취미 ② 장소 ③ 쇼핑 ④ 주말

3. 김밥이 맛있습니다. 떡볶이도 맛있습니다.
   ① 시간 ② 요일 ③ 이름 ④ 음식

4. 공원에 갑니다. 공원에서 산책을 합니다.
   ① 날씨 ② 장소 ③ 음식 ④ 직업

5. 저는 스무 살입니다. 언니는 스물세 살입니다.
   ① 나이 ② 날짜 ③ 나라 ④ 날씨

6. 선생님은 눈이 큽니다. 입은 작습니다.
   ① 학생 ② 장소 ③ 취미 ④ 얼굴

7. 불고기는 칠천 원입니다. 냉면은 오천 원입니다.
   ① 맛 ② 값 ③ 일 ④ 옷

8. 제 친구는 학생을 가르칩니다. 한국어 선생님입니다.
   ① 장소 ② 가족 ③ 직업 ④ 나이

9. 1월에는 수업이 없습니다. 그래서 여행을 갈 겁니다.
   ① 직업 ② 장소 ③ 가족 ④ 계획

10. 백화점에 갑니다. 인형을 삽니다.
    ① 시간 ② 날씨 ③ 쇼핑 ④ 직업

유형 1-2 내용과 관계없는 것 고르기 Choosing Something Unrelated to the Content

유형소개
Introducing types

글을 읽고 내용과 다른 것을 고르는 문제입니다.
These are questions where you read a text and select the option that is inconsistent with the content.

유형적중 TIP
Tip for hitting the mark

광고, 안내, 문자 메시지 등의 글을 읽고 내용과 다른 것을 찾는 문제입니다. 이런 유형의 문제를 풀 때는 선택지를 순서대로 보면서 제시된 내용과 다른 것을 골라야 합니다. 이때 같은 의미이지만 다른 표현들을 공부하면 좋습니다.
These questions ask you to read advertisements, notices, text messages, etc., and find something that does not match the content. When solving this type of question, you should look at the options in order and select the one that differs from the given content. Studying different expressions with the same meaning will be helpful.

40~42 다음을 읽고 맞지 않는 것을 고르십시오.

41. 제64회 읽기 41번

① 삼 분 후에 먹습니다.
② 가격은 이천 원입니다.
③ 이 라면은 김치 맛입니다.
④ 이 라면에 계란이 있습니다.

42. 제47회 읽기 42번

가구 할인

가구를 싸게 팝니다. 많은 이용 바랍니다.

◆침대 20%, 옷장 30%

◆9/1(월) ~ 9/7(일)

-대한가구-

① 일주일 동안 할인합니다.
② 옷장은 30% 할인합니다.
③ 세 가지 가구를 할인합니다.
④ 대한가구에서 보낸 메시지입니다.

해설 Explanation

›› 41번 문제의 답은 ②입니다. 가격은 이천 원이 아닙니다. 1,200원(천이백 원)입니다.
›› 42번 문제의 답은 ③입니다. 침대와 옷장만 할인합니다. 두 가지 가구만 할인합니다.

›› The answer to question 41 is ②. The price is not 2,000 won. It is 1,200 won.
›› The answer to question 42 is ③. Only beds and wardrobes are discounted. Two types of furniture are on sale.

연습문제 다음을 읽고 맞지 않는 것을 고르십시오.

1.

① 오만 원에 호텔을 이용합니다.
② 십이월 삼십 일까지 사용합니다.
③ 이 년 동안 사용할 수 있습니다.
④ 서울호텔에서만 사용할 수 있습니다.

2.

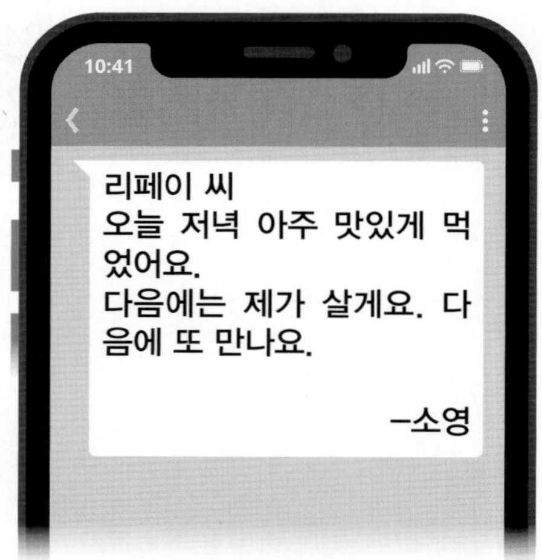

① 리페이 씨가 저녁을 샀습니다.
② 소영 씨가 문자를 보냈습니다.
③ 소영 씨와 리페이 씨는 밥을 먹었습니다.
④ 소영 씨와 리페이 씨는 내일 만날 겁니다.

3.

〈종합 병원 안내〉

4층	정형외과	커피숍
3층	치과	휴게실
2층	안과	은행
1층	내과	약국

① 눈이 아프면 이 층에 가야합니다.
② 이가 아프면 삼 층에 가야합니다.
③ 사 층에 가면 커피를 마실 수 있습니다.
④ 돈을 찾을 때에는 일 층에 가야 합니다.

4.

KTS TV편성표 (9월 20일)

19시	찾아라! 맛집
20시	드라마 '이웃사촌'
21시	KTS 뉴스
22시	영화 '귀여운 그녀'

① 뉴스는 밤 아홉 시에 시작합니다.
② 뉴스는 드라마가 끝난 후에 합니다.
③ 아홉 시에는 음식이 맛있는 집을 알 수 있습니다.
④ 구 월 이십 일 밤 열 시에는 영화를 볼 수 있습니다.

5.

방학 계획표

07시~08시	아침밥 먹기	13시~18시	아르바이트 가기
08시~12시	도서관 가기	18시~19시	저녁밥 먹기
12시~13시	점심 먹기	19시~24시	쉬는 시간

① 오전 열한 시까지 공부할 겁니다.
② 점심을 먹은 후에 일하러 갑니다.
③ 저는 방학에 일곱 시간 잘 겁니다.
④ 저녁을 먹은 후에 농구를 할 수 있습니다.

6.

뷔페 이용 요금 안내

• 평일 점심 식사 15,900원
• 평일 저녁 식사 19,900원
• 주말 및 공휴일(점심&저녁) 25,900원
• 초등학생 12,000원
• 어린이(36개월부터) 5,000원

※ 음식을 남기시는 고객님께 2,000원을 받습니다.

① 36개월부터는 무료입니다.
② 음식을 남기면 돈을 내야 합니다.
③ 평일 점심은 만 오천구백 원입니다.
④ 주말과 공휴일은 이만 오천구백 원입니다.

7.

제25회 서울 한강 불꽃축제

장소 : 한강시민공원
일시 : 9월 20일(금)~9월 21일(토) 오후 7시 30분 시작
※ 초대 가수!! 금요일 오후 8시 정국
토요일 오후 8시 지민

① 서울 한강 불꽃축제는 이틀 동안 합니다.
② 금요일 오후 여덟 시에 가수를 볼 수 있습니다.
③ 한강시민공원에서 서울 한강 불꽃축제를 합니다.
④ 서울 한강 불꽃축제는 오후 여덟 시에 시작합니다.

8.

<행복치킨>

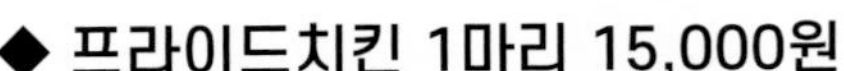

◆ 프라이드치킨 1마리 15,000원
◆ 양념치킨 1마리 16,000원
◆ 반반 치킨 1마리 17,000원 (프라이드 반, 양념 반)
◆ 음료수 2000원
※ 치킨을 10번 시키면 반반 치킨을 드립니다!
주문 전화 : 555-1234(오후 5시~ 새벽 2시)

① 집에서 치킨을 먹을 수 있습니다.
② 오후 다섯 시부터 새벽 두시까지 합니다.
③ 치킨을 열 번 시키면 양념치킨이 무료입니다.
④ 프라이드치킨 반 마리와 양념치킨 반 마리는 만 칠천 원입니다.

9.

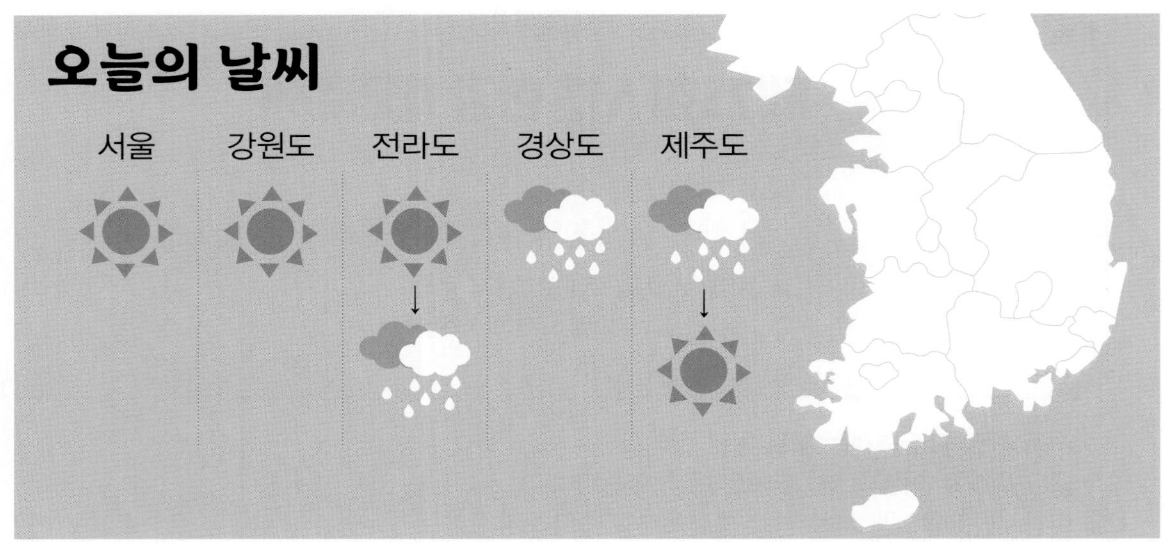

① 경상도는 비가 옵니다.
② 서울은 날씨가 흐립니다.
③ 강원도는 날씨가 좋습니다.
④ 제주도는 비가 온 후 맑겠습니다.

유형 1-3 글의 내용과 같은 것 고르기 Choosing Something Consistent with the Text Content

유형소개
Introducing types

세 개의 문장으로 된 짧은 글을 읽고 내용과 같은 것을 고르는 문제입니다.
These are questions where you read a short text of three sentences and select the option that is consistent with the content.

유형적중 TIP
Tip for hitting the mark

한 문장씩 읽고 내용을 이해한 후 선택지와 비교하여 같은 것을 골라야 합니다. 이때 제시된 문장의 어휘를 조금 바꾼 선택지가 나올 수 있습니다. 따라서 '누가, 언제, 어디에서, 무엇을, 왜, 어떻게' 등을 잘 봐야 합니다.
You should read each sentence, understand its content, and then compare it with the options to choose the one that matches. At this point, an option that slightly changes the vocabulary of the given sentence may appear. Therefore, you should carefully examine 'who, when, where, what, why, how,' etc.

43~45 다음을 읽고 내용이 같은 것을 고르십시오.

43. 제60회 읽기 43번

저는 화요일 저녁에 K-POP 수업에 갑니다. 거기에서 한국 노래를 부르고 춤을 배웁니다. 잘 못하지만 재미있습니다.

① 저는 수업이 재미있습니다.
② 저는 한국 춤을 잘 춥니다.
③ 저는 오전에 수업에 갑니다.
④ 저는 한국 노래를 가르칩니다.

44. 제47회 읽기 44번

오후부터 비가 왔습니다. 저는 우산이 없어서 걱정을 했습니다. 그런데 언니가 우산을 가지고 학교 앞에서 기다리고 있었습니다.

① 아침에 비가 내렸습니다.
② 저는 언니를 기다렸습니다.
③ 학교 앞에 언니가 있었습니다.
④ 저는 학교에 우산을 가지고 왔습니다.

해설 Explanation

›› 43번 문제의 답은 ①입니다. 한국 노래와 춤을 잘 못하지만 재미있다고 하였습니다.
›› 44번 문제의 답은 ③입니다. 언니가 학교 앞에서 우산을 가지고 기다리고 있었습니다.

›› The answer to question number 43 is ①. Though not skilled at Korean songs and dance, it was said to be enjoyable.
›› The answer to question number 44 is ③. My sister was waiting in front of the school with an umbrella.

연습문제 **다음을 읽고 내용이 같은 것을 고르십시오.**

1.

저는 어제 언니와 광장시장에 갔습니다. 광장시장에는 김밥이 유명하니까 우리는 김밥을 먹었습니다. 광장시장의 김밥은 정말 맛이 있었습니다.

① 오늘 광장시장에 갔습니다.
② 언니는 김밥을 좋아합니다.
③ 저는 언니와 김밥을 먹었습니다.
④ 광장시장의 김밥은 맛이 없습니다.

2.

서울에서는 5월에 장미축제를 합니다. 그곳에 가면 여러 가지 장미꽃을 볼 수 있어서 사람들이 많이 옵니다. 그리고 맛있는 음식들도 먹을 수 있고 사진도 많이 찍을 수 있습니다.

① 장미축제는 오월에 합니다.
② 장미축제에 사람들이 별로 없습니다.
③ 장미축제에서 음식을 만들 수 있습니다.
④ 장미축제에서 장미 사진을 찍기 힘듭니다.

3.

내일은 동생의 생일입니다. 저는 동생에게 선물을 주려고 가방을 샀습니다. 내일 동생에게 이 선물을 줄 겁니다.

① 내일은 저의 생일입니다.
② 저는 선물을 받았습니다.
③ 저는 동생에게 줄 가방을 샀습니다.
④ 내일 동생이 저에게 선물을 줄 겁니다.

4.

저는 자주 지하철을 타고 학교에 갑니다. 오늘은 처음으로 버스를 탔습니다. 밖에 비가 오니까 길이 막혀서 오늘은 학교에 지각할 것 같습니다.

① 오늘은 비 때문에 길이 막혔습니다.
② 저는 항상 버스를 타고 학교에 갑니다.
③ 비가 올 때 지하철을 타면 지각할 수도 있습니다.
④ 저는 지하철을 탔기 때문에 지각을 할 것 같습니다.

5.

오늘 저녁 7시에 친구와 영화를 보기로 했습니다. 그런데 친구가 버스를 잘못타서 아주 늦게 도착했습니다. 저는 화가 많이 났습니다.

① 저는 친구를 못 만났습니다.
② 저는 버스를 잘못 탔습니다.
③ 저는 약속시간에 늦었습니다.
④ 저는 친구를 오래 기다렸습니다.

6.

우리 가족은 가끔 주말에 할머니 댁에 갑니다. 할머니께서 만든 음식은 얼마나 맛있는지 모릅니다. 그래서 다음 주에도 할머니 댁에 가려고 합니다.

① 할머니께서 음식을 아주 잘합니다.
② 저는 할머니께서 만든 음식을 잘 모릅니다.
③ 우리 가족은 항상 주말에 할머니 집에 갑니다.
④ 다음 주에는 할머니께서 만든 음식을 먹을 수 없습니다.

7.

저는 어제 생선을 먹었습니다. 오늘 갑자기 배가 아프고 머리도 아파서 병원에 갔습니다. 어제 먹은 생선 때문인 것 같습니다.

① 생선을 먹으면 안 됩니다.
② 저는 생선을 먹고 아팠습니다.
③ 목과 배가 아파서 병원에 갔습니다.
④ 어제 먹은 생선이 아주 맛있었습니다.

8.

저는 영화를 아주 좋아합니다. 특히 무서운 영화를 좋아해서 무서운 영화를 모으고 있습니다. 무서운 영화로 유명한 제임스 완 감독의 영화는 거의 다 가지고 있습니다.

① 저는 무서운 영화를 만듭니다.
② 저는 혼자 영화 보는 것을 좋아합니다.
③ 저는 무서운 영화를 좋아하지만 모으지는 않습니다.
④ 저는 제임스 완 감독의 영화는 거의 다 가지고 있습니다.

유형 2 생략된 내용 찾기
Finding the omitted content

빈칸에 들어갈 맞는 어휘 고르기 | Selecting the correct vocabulary to fill in the blanks

유형소개
Introducing types

앞뒤 문장을 보고 빈칸에 들어갈 알맞은 어휘를 찾는 문제입니다.
This is a task where you identify the appropriate vocabulary to fill in the gaps, based on the context of surrounding sentences

유형적중 TIP
Tip for hitting the mark

빈칸에 알맞은 것을 고르는 문제로 조사, 명사, 동사, 형용사, 부사 어휘를 골고루 묻는 문제입니다. 포켓북에 나와 있는 어휘를 공부하면 좋습니다.
This is a task where you identify the appropriate vocabulary to fill in the gaps, based on the context of surrounding sentences

34~39 (　　　)에 들어갈 말로 가장 알맞은 것을 고르십시오.

34. 제41회 읽기 34번

이 사람은 회사원입니다. 학생(　　　) 아닙니다.

① 이　　② 의　　③ 을　　④ 과

36. 제64회 읽기 36번

집에서 은행이 (　　　　　　　). 집 앞에 있습니다.

① 넓습니다　　② 가깝습니다　　③ 깨끗합니다　　④ 시원합니다

해설 Explanation

›› 34번 문제의 답은 ①입니다. '아니다' 앞에는 '명사+이/가'만 쓸 수 있습니다. '학생'은 받침이 있으니까 '명사+이 아니다'라고 해야 합니다.
›› 36번 문제의 답은 ②입니다. 은행이 집 앞에 있습니다. 그래서 집에서 은행이 가깝습니다.

›› The answer to question 34 is ①. Before '아니다', you can only use '명사+이/가'. Since '학생' has a final consonant, you should say '명사+이 아니다'.
›› The answer to question 36 is ②. The bank is in front of the house. Therefore, the bank is close to the house.

연습문제 ( )에 들어갈 말로 가장 알맞은 것을 고르십시오.

1. 넥타이를 삽니다. 아버지( ) 드립니다.
① 가 ② 께 ③ 께서 ④ 에게

2. 산책하러 나갑니다. ( )를 신습니다.
① 바지 ② 모자 ③ 운동화 ④ 목걸이

3. 우리는 취미가 ( ). 그래서 자주 만납니다.
① 좋습니다 ② 다릅니다 ③ 나쁩니다 ④ 같습니다

4. 볼펜이 없습니다. 연필( ) 써도 됩니까?
① 에 ② 과 ③ 로 ④ 이

5. 오늘 방을 청소했습니다. 그래서 방이 ( ).
① 시원합니다 ② 조용합니다 ③ 따뜻합니다 ④ 깨끗합니다

6. 집에 옵니다. ( ) 손을 씻습니다.
① 먼저 ② 아까 ③ 너무 ④ 제일

7. 동생이 치마를 샀습니다. 치마가 동생에게 잘 ( ).
① 고릅니다 ② 시킵니다 ③ 돌아갑니다 ④ 어울립니다

8. 저는 그림 보는 것을 좋아합니다. 그래서 자주 ( )에 갑니다.
① 경찰서 ② 체육관 ③ 미술관 ④ 관광지

9. 일이 너무 많습니다. 그래서 점심을 ( ) 못 먹었습니다.
① 먼저 ② 아직 ③ 바로 ④ 아마

10. 형은 의사입니다. 한국 병원에 ( ).
① 만듭니다 ② 다닙니다 ③ 지냅니다 ④ 가집니다

유형 3 중심 내용 파악하기
Identifying the central content

중심 내용 고르기 | Selecting the main idea

유형소개
Introducing types

글을 읽고 중심 내용을 고르는 문제입니다.
This is a task where you read the text and select the central content.

유형적중 TIP
Tip for hitting the mark

세 개의 문장으로 된 짧은 글을 읽고 전체 내용에서 말하고 싶어 하는 중심 내용을 고르는 문제입니다. 지문에 나온 세 개의 문장의 내용과 모두 관계있는 것을 찾아야 합니다.
This task requires you to read a short text made of three sentences and select the central content that the text wants to convey. You need to find something that is related to all three sentences in the text.

46~48 다음을 읽고 중심 내용을 고르십시오.

46. 제47회 읽기 46번

> 저는 노래를 못합니다. 그런데 제 친구는 노래를 정말 잘합니다. 저도 그 친구처럼 되고 싶습니다.

① 저는 가수가 되고 싶습니다.
② 저는 노래를 잘하고 싶습니다.
③ 저는 친구의 노래를 듣고 싶습니다.
④ 저는 친구와 노래를 부르고 싶습니다.

47. 제83회 읽기 47번

> 저는 바다에서 수영하는 것을 좋아합니다. 여름에는 수영을 하러 바다에 자주 갑니다. 빨리 여름이 오면 좋겠습니다.

① 저는 여름을 제일 좋아합니다.
② 저는 수영을 잘하면 좋겠습니다.
③ 저는 여름 바다에 가 보고 싶습니다.
④ 저는 빨리 바다에서 수영하고 싶습니다.

해설 Explanation

>> 46번 문제의 답은 ②입니다. 노래를 잘하는 친구처럼 되고 싶다고 했습니다.
>> 47번 문제의 답은 ④입니다. 바다에서 수영하는 것을 좋아하고 여름에 수영을 하러 바다에 자주 갑니다. 그리고 여름이 빨리 오면 좋겠다고 했습니다.

>> The answer to question 46 is ②. It was stated that they want to be like the friend who sings well.
>> The answer to question 47 is ④. The person likes to swim in the sea, often goes to the sea to swim in the summer, and wishes for summer to come quickly.

연습문제 **다음을 읽고 중심 내용을 고르십시오.**

1.

저는 요즘 테니스를 배웁니다. 테니스 치는 것이 쉽지 않지만 아주 재미있습니다. 그래서 매일 테니스를 치러 갑니다.

① 저는 테니스를 가르칩니다.
② 저는 테니스를 자주 칩니다.
③ 저는 테니스 치는 것이 어렵습니다.
④ 저는 테니스 치는 것을 좋아합니다.

2.

집에서 학교까지 아주 멉니다. 버스로 한 시간 반쯤 걸립니다. 그래서 내년에는 기숙사에 살고 싶습니다.

① 저는 버스로 학교에 갑니다.
② 저는 기숙사에 살고 있습니다.
③ 저는 버스 타는 것을 좋아합니다.
④ 저는 기숙사로 이사하고 싶습니다.

3.

저는 매운 음식을 좋아해서 자주 먹습니다. 그런데 요즘에는 매운 음식을 먹으면 배가 아픕니다. 그래서 이제부터 매운 음식을 가끔 먹으려고 합니다.

① 저는 매운 음식을 아주 좋아합니다.
② 저는 매운 음식 때문에 배가 아픕니다.
③ 저는 매운 음식을 자주 안 먹을 겁니다.
④ 저는 매운 음식을 먹지 않으려고 합니다.

4.

집 근처에 공원이 있습니다. 공원에 나무가 많아서 계절마다 풍경이 다릅니다. 그래서 저는 거기에 가는 것을 좋아합니다.

① 저는 공원에 자주 갑니다.
② 공원에는 나무가 많습니다.
③ 공원은 집에서 가깝습니다.
④ 저는 공원이 마음에 듭니다.

5.

다음 주에 시험이 있습니다. 그래서 요즘 수업이 끝난 후에 도서관에 가서 공부합니다. 저녁을 먹은 후에는 아르바이트도 합니다.

① 저는 요즘 바쁩니다.
② 저는 자주 도서관에 갑니다.
③ 저는 다음 주에 시험을 봅니다.
④ 저는 오후에 아르바이트를 합니다.

6.

기숙사 옆에 편의점이 있습니다. 밤에 배가 고플 때 편의점에서 먹을 것을 살 수 있습니다. 그리고 편의점에는 소화제 같은 약도 있어서 약국이 문을 닫을 때 이용할 수 있습니다.

① 편의점에서 약을 살 수 있습니다.
② 편의점이 기숙사 근처에 있습니다.
③ 편의점이 가까이 있어서 편합니다.
④ 편의점에 먹을 것이 많아서 좋습니다.

7.

저는 집에서 인터넷쇼핑을 자주 합니다. 직접 가게에 가지 않아도 되니까 아주 편합니다. 그리고 가게에서 사는 것보다 가격이 쌀 때가 많습니다.

① 저는 인터넷쇼핑을 좋아합니다.
② 저는 직접 가게에 가는 것이 힘듭니다.
③ 저는 가게에서 사는 물건이 싸서 좋습니다.
④ 저는 인터넷쇼핑보다 직접 사는 것이 편합니다.

8.

일주일 전에 고향에서 동생이 와서 같이 지내고 있습니다. 그래서 요즘 산책하거나 운동할 때, 청소할 때도 동생과 같이 합니다. 혼자 할 때는 심심하거나 힘들었는데 같이 하니까 참 좋습니다.

① 저는 혼자 있어서 심심했습니다.
② 저는 일주일 전에 고향에 갔습니다.
③ 저는 혼자 산책하는 것을 좋아합니다.
④ 저는 요즘 동생과 같이 지내서 좋습니다.

유형 4 글의 순서 배열하기
Arrangement

글의 순서 배열하기 | Arrangement of the text order

유형소개
Introducing types

글을 순서에 맞게 배열한 것을 고르는 문제입니다.
These are problems that ask you to arrange the text in the correct order.

유형적중 TIP
Tip for hitting the mark

먼저 선택지를 보고 (가)~(라)항 중 가장 앞에 놓인 항이 무엇인지 확인합니다. 그리고 그 항을 읽고 그 뒤에 나올 수 있는 예, 이유, 설명 등을 찾습니다. 이때 논리적 순서나 시간 순서로 되어 있는 것을 고릅니다. '그리고, 그래서, 그러나, 그렇지만'과 같이 연결해 주는 말도 잘 봐야 합니다. 또, '이, 그, 저'가 있는 문장도 잘 봐야 합니다.
First, look at the options and identify what is the first item in the (가)~(라) list. Then read that item and find the following possible examples, reasons, explanations, etc. At this time, choose what is arranged in logical or chronological order. You should also look carefully at the connectors like 'and, so, but, however'. Additionally, sentences with 'this, that, that over there' should be looked at closely.

57~58 다음을 순서에 맞게 배열한 것을 고르십시오.

57. 제52회 읽기 57번

(가) 저는 오른손으로 글씨를 썼습니다.
(나) 그때부터 왼손으로 글씨를 쓰기 시작했습니다.
(다) 처음에는 불편했지만 지금은 왼손으로 쓰는 것이 익숙합니다.
(라) 그런데 운동을 할 때 다쳐서 오른손으로 글씨를 쓸 수 없었습니다.

① (가)-(다)-(라)-(나) ② (가)-(라)-(나)-(다)
③ (다)-(라)-(나)-(가) ④ (다)-(나)-(가)-(라)

58. 제60회 읽기 58번

> (가) 학교 앞에서 어린이 교통사고가 많이 납니다.
> (나) 또 어린이들이 갑자기 도로로 나올 때도 있습니다.
> (다) 그래서 학교 앞에서 운전할 때는 조심해야 합니다.
> (라) 어린이는 키가 작아서 운전할 때 잘 보이지 않습니다.

① (가)－(나)－(다)－(라)
② (가)－(라)－(나)－(다)
③ (라)－(나)－(다)－(가)
④ (라)－(다)－(가)－(나)

해설 Explanation

» 57번 문제의 답은 ②입니다. ①, ②의 첫 번째 문장은 (가)이고 ③, ④의 첫 번째 문장은 (다)입니다. 먼저 첫 번째 문장을 찾아야 합니다. (가)는 오른손으로 글씨를 썼다는 내용이고 (다)는 처음에는 불편했는데 지금은 왼손으로 쓰는 것이 익숙하다는 내용입니다. 시간 순서를 보면 (가)가 먼저이니까 (가)가 시작 문장입니다. ①의 두 번째 문장은 (다)이고, ②의 두 번째 문장은 (라)인데, (라)는 오른손으로 글씨를 쓸 수 없게 된 이유를 나타낸 문장입니다. 시간 순서 상 오른손을 쓰다가 다쳐서 왼손을 쓰게 된 내용이므로 (라)가 두 번째 문장이어야 하고 그 다음으로 (나)와 (다)가 와야 합니다.

» 58번 문제의 답은 ②입니다. ①, ②의 첫 번째 문장은 (가)이고 ③, ④의 첫 번째 문장은 (라)입니다. 먼저 첫 번째 문장을 찾아야 합니다. (가)는 학교 앞에서 어린이 교통사고가 많이 난다는 내용이고 (라)는 어린이는 키가 작아서 운전할 때 잘 안 보인다는 내용입니다. (라)는 (가)의 이유가 되는 문장이기 때문에 (가)가 시작 문장이어야 합니다. 다음으로 두 번째 문장을 찾으면 바로 답이 나옵니다. ①의 두 번째 문장은 (나)이고, ②의 두 번째 문장은 (라)입니다. (나)는 어린이들이 갑자기 도로로 나올 때가 있다는 내용으로 '또'로 시작하고 있습니다. (나)도 (가)의 이유가 되는 문장이고 '또'로 시작하므로 (라)의 뒤에 와야 하고 '그래서'로 시작하는 (다)가 끝에 와야 합니다.

» The answer to question 57 is ②. The first sentence of ①, ② is (가) and the first sentence of ③, ④ is (다). You need to find the first sentence first. (가) talks about writing with the right hand, and (다) discusses becoming comfortable with writing with the left hand after initial discomfort. In terms of chronological order, (가) is first so it is the starting sentence. The second sentence of ① is (다) and the second sentence of ② is (라), which is a sentence indicating the reason for not being able to write with the right hand. In terms of chronological order, after writing with the right hand and getting injured, the speaker starts to write with the left hand. So (라) should be the second sentence, followed by (나) and (다).

» The answer to question 58 is ②. The first sentence of ①, ② is (가) and the first sentence of ③, ④ is (라). You need to find the first sentence first. (가) talks about many child traffic accidents occurring in front of the school, and (라) talks about children being short and not easily visible when driving. (라) provides a reason for (가) so (가) should be the starting sentence. If you find the second sentence next, the answer comes right out. The second sentence of ① is (나), and the second sentence of ② is (라). (나) talks about children suddenly coming out onto the road and it starts with 'also'. (나) is another reason for (가) and since it starts with 'also', it should follow (라) and the sentence starting with 'therefore' (다) should be at the end.

연습문제 **다음을 순서대로 맞게 배열한 것을 고르십시오.**

1.

(가) 처음 수영을 배울 때는 팔이 너무 아팠습니다.
(나) 한 달쯤 지나니까 아픈 곳도 없고 몸이 가벼워졌습니다.
(다) 수영을 배운 지 세 달쯤 됐습니다.
(라) 다리도 아파서 그만두고 싶었습니다.

① (가)–(나)–(다)–(라)
② (가)–(다)–(라)–(나)
③ (다)–(가)–(라)–(나)
④ (다)–(나)–(가)–(라)

2.

(가) 그 꽃 이름은 카네이션입니다.
(나) 5월 8일은 어버이날입니다.
(다) 어버이날에 한국 사람들은 꽃을 삽니다.
(라) 카네이션을 사서 부모님께 드립니다.

① (나)–(라)–(다)–(가)
② (나)–(다)–(가)–(라)
③ (다)–(가)–(라)–(나)
④ (다)–(나)–(라)–(가)

3.

(가) 그렇지만 많이 마시면 밤에 잠을 잘 수 없습니다.
(나) 또한 피곤할 때 마시면 힘이 납니다.
(다) 잠이 올 때 커피를 마시면 졸리지 않습니다.
(라) 커피는 하루에 한두 잔 마시는 게 좋습니다.

① (다)–(라)–(나)–(가)
② (다)–(나)–(가)–(라)
③ (라)–(나)–(다)–(가)
④ (라)–(다)–(가)–(나)

4.

(가) 횡단보도 교통사고는 비 오는 밤에 자주 납니다.
(나) 비가 오는 밤에는 앞이 잘 안 보이기 때문입니다.
(다) 특히 까만색 옷을 입고 다니면 운전하는 사람이 잘 볼 수 없습니다.
(라) 그래서 비 오는 밤에는 밝은 색 옷을 입고 다녀야 합니다.

① (가)–(나)–(다)–(라)
② (가)–(라)–(나)–(다)
③ (라)–(나)–(다)–(가)
④ (라)–(다)–(가)–(나)

5.

(가) 집들이에 가는 사람들은 선물을 가지고 갑니다.
(나) 이사한 집에 사람들을 초대하는 것을 집들이라고 합니다.
(다) 한국에서는 이사를 한 후에 집에 사람들을 초대합니다.
(라) 그 선물에는 비누, 휴지, 양초 등이 있습니다.

① (나)–(다)–(가)–(라)
② (나)–(라)–(다)–(가)
③ (다)–(나)–(가)–(라)
④ (다)–(라)–(나)–(가)

6.

(가) 또한 여행사에 가서 예매하는 사람도 있습니다.
(나) 인터넷 예매도 있는데 요즘은 이 방법을 가장 많이 씁니다.
(다) 먼저 항공 회사에 전화해서 예매할 수 있습니다.
(라) 비행기 표를 예매하는 방법은 많습니다.

① (다)–(가)–(나)–(라)
② (다)–(라)–(가)–(나)
③ (라)–(나)–(다)–(가)
④ (라)–(다)–(가)–(나)

유형 5 생략된 내용 찾기+세부내용 파악하기

Finding Omitted Content+Understanding Details

유형소개
Introducing types

빈칸에 들어갈 알맞은 말을 고르고 글의 내용과 같은 것을 고르는 문제입니다.
These are problems that ask you to choose the appropriate word for the blank and to choose the content that matches the text.

빈칸에 들어갈 알맞은 것을 고르는 문제에서는 어휘나 문법을 묻는 문제, 생략된 내용을 묻는 문제가 나올 수 있습니다.
In problems that ask you to choose the right thing for the blank, questions may ask about vocabulary or grammar, or about the omitted content.

유형 5-1 빈칸에 들어갈 알맞은 어휘를 찾고 같은 내용 고르기

Find the appropriate vocabulary for the blank and choose the same content

유형소개
Introducing types

빈칸에 들어갈 알맞은 어휘를 고르는 문제 유형입니다.
This type of problem asks you to choose the appropriate vocabulary for the blank.

유형적중 TIP
Tip for hitting the mark

빈칸에 알맞은 어휘를 고르는 문제로, 어휘로는 부사어, 접속어, 관형어 등이 옵니다. 하나의 어휘로 된 경우도 있고 두 개 이상의 어휘로 된 경우도 있습니다.
These are problems where you choose the appropriate vocabulary for the blank, which could be an adverb, conjunction, adjective, etc. It could be a single vocabulary item or multiple vocabulary items.

부사어와 접속어의 경우 시험에 자주 나오는 어휘들이 있으므로 본 교재 포켓북에 나와 있는 품사별 어휘를 공부하는 것이 좋습니다.
In the case of adverbs and conjunctions, there are frequently appearing vocabulary in the test, so it's a good idea to study the vocabulary by parts of speech presented in a pocketbook of this book.

49~50 다음을 읽고 물음에 답하십시오. 제41회 읽기 49~50번

> 우리 회사 지하에는 운동하는 방, 책을 읽는 방, 낮잠을 자는 방, 이야기하는 방이 있습니다. 이 방들은 점심시간에만 문을 엽니다. 우리 회사 사람들은 이곳을 좋아합니다. 이 방에 가고 싶은 사람들은 (㉠) 바로 지하로 갑니다. 식사 후에 짧은 시간 동안 하고 싶은 것을 할 수 있기 때문입니다.

49. ㉠에 들어갈 말로 가장 알맞은 것을 고르십시오.

① 책을 읽고
② 잠을 자고
③ 일을 하고
④ 밥을 먹고

50. 윗글의 내용과 같은 것을 고르십시오.

① 우리 회사 식당은 지하에 있습니다.
② 우리 회사에서는 낮잠을 잘 수 없습니다.
③ 우리 회사 지하에 있는 방은 인기가 많습니다.
④ 우리 회사 사람들은 저녁에 지하에서 운동합니다.

해설 Explanation

» 49번 문제의 답은 ④입니다. 이 방은 점심시간에만 문을 엽니다. 그리고 식사 후에 하고 싶은 것을 할 수 있습니다.
» 50번 문제의 답은 ③입니다. 우리 회사 사람들은 이곳을 좋아합니다. 그래서 이 방은 인기가 많습니다.

» The answer to question 49 is ④. These rooms are only open during lunchtime. And you can do what you want in a short time after eating.
» The answer to question 50 is ③. People in our company like this place. So, these rooms are popular.

Part 1 유형편

연습문제 다음을 읽고 물음에 답하십시오.

1~2

이번 주 일요일에 송별회를 합니다. 그동안 함께 일한 동료가 (㉠   ) 때문입니다. 우리는 4년 전에 회사에 같이 들어왔습니다. 회사에서 힘든 일이 있을 때 우리는 서로 도와주고 위로도 해 주었습니다. 앞으로 다시 만날 수 없겠지만 저는 동료를 잊을 수 없을 겁니다.

1. ㉠에 들어갈 말로 가장 알맞은 것을 고르십시오.

① 회사에 들어왔기　　② 파티를 좋아하기
③ 고향에 돌아가기　　④ 회사에 취직했기

2. 윗글의 내용과 같은 것을 고르십시오.

① 저는 동료와 싸웠습니다.
② 저는 동료를 만나고 싶지 않습니다.
③ 저는 회사에서 4년 동안 일했습니다.
④ 저는 앞으로 회사를 다닐 수 없습니다.

3~4

제 취미는 여행이지만 요즘은 여행을 갈 수 없습니다. 너무 바쁘기 때문입니다. 저는 아침 7시에 학원에서 한국어를 공부하고 9시에 출근합니다. 6시는 퇴근 시간이지만 요즘 일이 많아서 밤에도 일할 때가 많고 우리 회사는 회식도 자주 합니다. 그래서 주말에는 항상 늦잠을 잡니다. (㉠   ) 밀린 집안일도 해야 합니다.

3. ㉠에 들어갈 말로 가장 알맞은 것을 고르십시오.

① 그리고　　② 그래서
③ 그런데　　④ 그러니까

4. 윗글의 내용과 같은 것을 고르십시오.

① 저는 날마다 늦게까지 일을 합니다.
② 저는 학원에서 한국어를 가르칩니다.
③ 저는 퇴근 후에 밀린 집안일을 합니다.
④ 저는 취미 활동을 할 시간이 없습니다.

유형 5-2 빈칸에 들어갈 알맞은 문법을 찾고 같은 내용 고르기

Find the appropriate grammar for the blank and choose the same content

유형소개
Introducing types

빈칸에 들어갈 알맞은 문법을 고르는 문제입니다.
This type of problem asks you to choose the appropriate grammar for the blank.

유형적중 TIP
Tip for hitting the mark

빈칸에 알맞은 문법을 고르는 문제로, 초급 수준의 문법을 알고 있어야 합니다.
These are problems where you choose the appropriate grammar for the blank, and you need to know the basic level of grammar.

본 교재 200쪽에 나와 있는 초급 문법을 공부하면 좋습니다.
Studying the basic grammar on page 200 of this book would be beneficial.

49~50 다음을 읽고 물음에 답하십시오. 제52회 읽기 49~50번

저는 혼자 여행하는 것을 좋아합니다. 보통 여행 기간이나 장소를 정하지 않고 여행을 떠납니다. 유명한 관광지보다는 작은 마을을 다닙니다. 저는 운전을 하면서 여행하는데 예쁜 경치가 보이면 내려서 구경합니다. 여행하는 곳이 (㉠) 오랫동안 지낼 때도 있습니다.

49. ㉠에 들어갈 말로 가장 알맞은 것을 고르십시오.

① 좋으면
② 좋지만
③ 좋아도
④ 좋은데

50. 윗글의 내용과 같은 것을 고르십시오.

① 저는 여행할 때 직접 운전을 합니다.
② 저는 여러 사람과 함께 여행을 합니다.
③ 저는 여행 기간을 정한 후에 여행합니다.
④ 저는 여행할 때마다 유명한 관광지에 갑니다.

해설 Explanation

›› 49번 문제의 답은 ①입니다. '-으면'은 조건, 가정, 경우를 나타냅니다. 여행하는 곳이 좋으면 오랫동안 지낼 때도 있습니다.

›› 50번 문제의 답은 ①입니다. 이 사람은 혼자 여행을 하고 여행할 때 운전을 합니다.

›› The answer to question 49 is ①. '-으면' indicates condition, assumption, or situation. There are times when I stay for a long time if the place I'm visiting is good.

›› The answer to question 50 is ①. This person travels alone and drives when traveling.

연습문제 **다음을 읽고 물음에 답하십시오.**

1~2

한국에는 산이 많습니다. 도시에도 산이 있고 시골에도 산이 있습니다. 그래서 등산하는 사람도 많습니다. 우리 고향에서는 등산하는 것이 쉽지 않습니다. (㉠) 차를 타고 멀리 가야 합니다. 그래서 등산을 자주 할 수 없습니다.

1. ㉠에 들어갈 말로 가장 알맞은 것을 고르십시오.

① 등산을 하려면 ② 등산을 한 후에
③ 등산을 했을 때 ④ 등산하기 때문에

2. 윗글의 내용과 같은 것을 고르십시오.

① 우리 고향에는 산이 많습니다.
② 한국에는 도시에도 산이 있습니다.
③ 우리 고향 사람들은 등산을 좋아합니다.
④ 한국 사람들은 차를 타고 등산하러 갑니다.

3~4

저는 날마다 케이팝(K-Pop)을 듣습니다. 케이팝 가수들은 노래도 잘 부르고 춤도 잘 춰서 정말 멋있습니다. 저는 케이팝 가사가 (㉠) 무슨 뜻인지 잘 모릅니다. 그렇지만 케이팝을 들으면 기분이 좋아지고 스트레스가 풀립니다. 시간이 있을 때는 동영상을 보면서 춤을 따라하기도 합니다.

3. ㉠에 들어갈 말로 가장 알맞은 것을 고르십시오.

① 한국말 대신에 ② 한국말이라서
③ 한국말일까 봐 ④ 한국말 때문에

4. 윗글의 내용과 같은 것을 고르십시오.

① 저는 케이팝을 좋아합니다.
② 케이팝은 부르기 쉽습니다.
③ 케이팝 가수는 영어로 노래합니다.
④ 저는 춤을 추면 기분이 좋아집니다.

유형 5-3 빈칸에 들어갈 알맞은 것을 찾고 같은 내용 고르기

Find the correct content to fill in the blank and select the equivalent content

유형소개
Introducing types

빈칸에 들어갈 알맞은 내용을 고르는 문제입니다.
These are questions where you select the appropriate content to fill in the blank.

유형적중 TIP
Tip for hitting the mark

빈칸에 들어갈 알맞은 것을 고르는 문제는 전체 내용을 이해해야 합니다. 이때 빈칸의 위치도 중요합니다.
To select the correct content to fill in the blank, you need to understand the entire context. The position of the blank is also important.

1) 빈칸이 전체 지문의 앞쪽에 있을 때: 그 문장이 주제 문장이거나 중심 문장이고 뒤의 나머지 문장은 이에 대한 설명일 수 있습니다.
When the blank is at the beginning of the text: The sentence could be the topic or the central sentence, and the remaining sentences might be the explanation for this.

2) 빈칸이 전체 지문의 중간에 있을 때:
When the blank is in the middle of the text:

① 빈칸의 내용이 앞뒤 문장이나 지시어가 가리키는 내용일 수 있습니다. '이', '그', '저'와 같은 지시어를 잘 보아야 합니다.
The content for the blank could be something that the sentences or indicators before and after it point to. Pay close attention to indicators such as "this", "that", "those".

② 빈칸의 내용이 전체 지문이나 앞뒤 문장에서 반복되는 내용일 수 있습니다. 반복되고 있는 내용을 찾아야 합니다.
The content for the blank could be something that is repeatedly mentioned in the entire text or in the sentences before and after it. Find the repeating content.

③ 접속어를 보고 빈칸에 맞는 내용을 고를 수 있습니다. '그러나', '하지만', '그런데' 등과 같이 반대되는 앞뒤 문장을 연결하는 접속어나 '그래서'와 같이 원인과 결과를 연결하는 접속어를 잘 보아야 합니다.
By looking at the conjunctions, you can choose the appropriate content for the blank. You must pay close attention to conjunctions that connect contrasting sentences such as 'however', 'but', 'although' and those that connect cause and result like 'therefore'.

3) 빈칸이 전체 지문의 뒤쪽에 있을 때: 위의 1, 2의 경우를 모두 포함합니다.
When the blank is at the end of the text: This includes both cases 1 and 2.

55~56 다음을 읽고 물음에 답하십시오. 제47회 읽기 55~56번

우리 집 고양이 이름은 미미입니다. 6개월 전에 제가 퇴근해서 집에 돌아올 때 길에서 만났습니다. 그때 미미는 다리를 다쳐서 힘들어 보였습니다. 그리고 배도 고픈 것 같았습니다. 저는 미미를 집으로 데려와서 밥을 주고 약도 발라 주었습니다. 처음에 미미는 저한테 가까이 오지 않았습니다. 하지만 이제는 (㉠   ).

55. ㉠에 들어갈 말로 가장 알맞은 것을 고르십시오. (2점)

① 밥을 잘 먹습니다
② 새 이름이 생겼습니다
③ 집으로 돌아갔습니다
④ 저와 있는 것을 좋아합니다

56. 윗글의 내용과 같은 것을 고르십시오. (3점)

① 저는 다친 고양이를 도와주었습니다.
② 저는 여섯 달 전에 고양이를 샀습니다.
③ 저는 길에서 고양이를 잃어버렸습니다.
④ 저는 처음부터 고양이와 친하게 지냈습니다.

해설 Explanation

» 55번 문제의 답은 ④입니다. '하지만'의 앞과 뒤는 반대 내용이 옵니다. 처음에 미미는 저한테 가까이 오지 않았습니다. 이제는 저와 있는 것을 좋아합니다.

» 56번 문제의 답은 ①입니다. 미미를 데려와서 밥도 주고 약도 발라 주었습니다. 그래서 고양이 미미를 도와준 것을 알 수 있습니다.

» The answer to question 55 is ④. The content before and after 'but' usually contrasts. Initially, Mimi didn't come close to me, but now she likes being with me.

» The answer to question 56 is ①. I brought Mimi home, fed her, and applied medicine to her. Therefore, it can be understood that I helped the cat Mimi.

연습문제 **다음을 읽고 물음에 답하십시오.**

1~2

저는 한국어를 5개월 정도 배웠습니다. 저는 저의 한국어 실력이 궁금해서 지난달에 한국어능력시험을 봤습니다. 시험은 조금 어려운 것 같았습니다. 내일은 (㉠   ) 날입니다. 시험에 떨어졌을까 봐 잠이 오지 않습니다. 시험에 꼭 합격했으면 좋겠습니다.

1. ㉠에 들어갈 말로 가장 알맞은 것을 고르십시오.
   ① 시험을 보는　② 한국어를 배우는
   ③ 시험에 떨어지는　④ 시험 결과가 나오는

2. 윗글의 내용과 같은 것을 고르십시오.
   ① 저의 한국어 실력이 궁금합니다.
   ② 한국어 시험이 조금 쉬웠습니다.
   ③ 걱정했지만 시험에 합격했습니다.
   ④ 저는 5개월 전에 시험을 봤습니다.

3~4

한국 사람들은 이사를 한 후 새 집에 친구들을 초대해서 함께 식사를 합니다. 이것이 바로 집들이입니다. 집들이에 초대받은 사람은 세제나 화장지를 선물합니다. 세제는 빨래할 때 거품이 점점 많아지는 것처럼 (㉠   ) 부자가 되라는 의미이고 화장지는 일이 잘 풀리라는 의미입니다.

3. ㉠에 들어갈 말로 가장 알맞은 것을 고르십시오.
   ① 일을 많이 해서　② 돈을 많이 벌어서
   ③ 집을 깨끗이 해서　④ 좋은 집에 이사해서

4. 윗글의 내용과 같은 것을 고르십시오.
   ① 한국 사람들이 이사를 하면 친구들이 도와줍니다.
   ② 한국 사람들은 이사를 하는 날 친구를 초대합니다.
   ③ 집들이를 하는 날 사람들은 세제로 빨래를 합니다.
   ④ 집들이는 이사한 집에 친구들을 초대하는 것입니다.

유형 6 생략된 내용 찾기+중심내용 파악하기
Identifying Omitted Content + Understanding Main Content

빈칸에 들어갈 알맞은 것과 무엇에 대한 내용인지 고르기

Choose the appropriate content for the blank and what the text is about

유형소개
Introducing types

글을 읽고 빈칸에 들어갈 알맞은 것을 고르는 문제와 지문이 무엇에 대해 말하고 있는지 고르는 문제입니다.
This involves reading the text and choosing the correct content to fill in the blank, and identifying what the text is talking about.

유형적중 TIP
Tip for hitting the mark

무엇에 대한 내용인지 고르는 문제는 <u>전체 내용을 포함하는 것을 찾아야 합니다.</u> 전체 내용을 포함하는 문장은 보통 <u>전체 지문의 처음이나 끝에 나타나거나 접속어 뒤에 나타나기도 합니다.</u>
In order to identify what the text is about, you need to find a statement that encompasses the entire content. This sentence usually appears at the beginning or end of the entire text or after a conjunction.

지문에 전체 내용을 포함하는 문장이 없을 때는 지문에서 말한 각 내용을 종합하는 선택지를 골라야 합니다.
When there's no sentence in the text that includes the entire content, you should choose an option that synthesizes the various points mentioned in the text.

51~52 다음을 읽고 물음에 답하십시오. 제60회 읽기 51~52번

> 한국음악 박물관으로 오십시오. 한국음악 박물관에서는 한국의 옛날 악기를 보고 악기 소리를 들을 수 있습니다. (㉠) 사진을 보면서 한국음악의 역사에 대해서 알 수 있습니다. 주말에는 다양한 음악 공연을 볼 수 있습니다. 기념품을 살 수 있는 가게도 있습니다.

51. ㉠에 들어갈 말로 가장 알맞은 것을 고르십시오.

① 그리고　　② 그래서
③ 그러면　　④ 그러나

52. 무엇에 대한 내용인지 맞는 것을 고르십시오.

① 박물관의 역사
② 박물관을 만든 이유
③ 박물관에서 할 수 있는 일
④ 박물관에서 살 수 있는 악기

해설 Explanation

51번 문제의 답은 ①입니다. ㉠의 앞과 뒤는 모두 박물관에서 할 수 있는 일입니다. 비슷한 내용의 두 문장을 연결하므로 '그리고'가 맞습니다.
52번 문제의 답은 ③입니다. '악기 소리 듣기, 한국음악의 역사 알기, 음악 공연 보기, 기념품을 사기'는 모두 박물관에서 할 수 있는 일입니다.

» The answer to question 51 is ①.The sentence before and after ㉠ both talk about things you can do at the museum. 'And' is appropriate to connect two similar sentences.
» The answer to question 52 is ③. 'Listening to the sound of instruments, learning about the history of Korean music, watching music performances, buying souvenirs' are all things you can do at the museum.

연습문제 다음을 읽고 물음에 답하십시오.

1~2

한국에서 지하철을 타면 지하철 안에서 영어 안내 방송이 나옵니다. 그리고 지하철 노선도에 한글과 영어가 함께 있으니까 (㉠) 가고 싶은 곳을 찾아갈 수 있습니다. 그리고 지하철을 갈아탈 때마다 돈을 내지 않아도 됩니다. 버스로 갈아탈 때도 가까운 거리는 돈을 내지 않아도 됩니다.

1. ㉠에 들어갈 말로 가장 알맞은 것을 고르십시오.
   ① 돈을 내면
   ② 한국어를 배우면
   ③ 돈을 안 내도
   ④ 한국어를 몰라도

2. 무엇에 대한 내용인지 맞는 것을 고르십시오.
   ① 지하철의 좋은 점
   ② 지하철을 이용하는 방법
   ③ 지하철에서 할 수 있는 것
   ④ 지하철에서 하면 안 되는 것

3~4

한국의 유명한 도시에는 시티투어 버스가 있습니다. 이 버스를 타면 그 도시의 유명한 곳을 쉽게 (㉠). 시티투어 버스를 이용하는 방법은 아주 쉽습니다. 1일 이용권이나 1회 이용권을 구매하고 버스를 타면 됩니다. 버스를 타고 가다가 내리고 싶은 곳에서 내리고 타고 싶은 곳에서 탈 수 있습니다. 1일 이용권을 이용하면 여러 번 타고 내릴 수 있습니다.

3. ㉠에 들어갈 말로 가장 알맞은 것을 고르십시오.
   ① 탈 수 있습니다
   ② 찾아갈 수 있습니다
   ③ 이용할 수 있습니다
   ④ 구매할 수 있습니다

4. 무엇에 대한 내용인지 맞는 것을 고르십시오.
   ① 시티투어 버스 이용권의 차이
   ② 시티투어 버스를 타는 곳
   ③ 시티투어 버스를 예약하는 방법
   ④ 시티투어 버스를 이용하는 방법

유형 7 문장 삽입하기+세부내용 파악하기

Inserting a Sentence+Understanding Specific Details

문장이 들어갈 알맞은 곳과 같은 내용 고르기

Find the right place for the sentence and choose the same content

유형소개
Introducing types

주어진 문장이 들어갈 알맞은 위치를 찾는 문제와 지문의 내용과 같은 것을 고르는 문제입니다.

This involves finding the correct place for the given sentence in the text and choosing the statement that matches the content of the text.

유형적중 TIP
Tip for hitting the mark

먼저 전체 지문에서 주어진 문장과 관련되거나 내용이 반복되는 표현이 있는지 찾아야 합니다. 그 다음으로 지문에서 찾은 문장과 주어진 문장의 관계를 봅니다. 이때 원인과 결과, 시간의 순서에 따라 주어진 문장이 들어갈 자리를 찾습니다.

First, you need to identify if there are any expressions in the text that relate to or repeat the content of the given sentence. Then, observe the relationship between the sentence found in the text and the given sentence. The place for the given sentence can be determined based on cause and effect, and the order of time.

59~60 다음을 읽고 물음에 답하십시오. 제83회 읽기 59~60번

> 저는 요즘 자전거를 타고 학교에 갑니다. (㉠) 전에는 지하철을 타고 다녔습니다. (㉡) 그때는 학교까지 삼십 분이 걸렸지만 지금은 한 시간쯤 걸립니다. (㉢) 아침에 일찍 일어나는 것은 싫지만 운동을 할 수 있어서 좋습니다. (㉣)

59. 다음 문장이 들어갈 곳으로 가장 알맞은 것을 고르십시오. (2점)

> 그래서 지하철을 탈 때보다 집에서 일찍 나와야 합니다.

① ㉠　　② ㉡　　③ ㉢　　④ ㉣

60. 윗글의 내용과 같은 것을 고르십시오. (3점)

① 저는 운동하는 것을 싫어합니다.
② 저는 요즘 아침에 늦게 일어납니다.
③ 저는 자전거를 타고 학교에 다닙니다.
④ 저는 매일 한 시간 동안 지하철을 탑니다.

해설 Explanation

» 59번 문제의 답은 ③입니다. ㉢ 앞에 '지금은 한 시간쯤 걸립니다'라고 했습니다. 그래서 집에서 일찍 나와야 합니다. ㉢ 뒤에는 '일찍 일어나는 것이 싫지만'이라고 했습니다. 일찍 나오려면 일찍 일어나야 합니다.
» 60번 문제의 답은 ③입니다. '요즘 자전거를 타고 학교에 갑니다'라고 했습니다.

» The answer to question 59 is ③. The sentence before ㉢ says 'it now takes about an hour'. Therefore, I have to leave home earlier. After ㉢, it says 'I dislike waking up early'. To leave early, one must wake up early.
» The answer to question 60 is ③. The text states 'I ride a bicycle to school these days'.

연습문제 **다음을 읽고 물음에 답하십시오.**

1~2

저는 베트남에서 왔습니다. 우리 회사에는 여러 나라에서 온 사람들이 많습니다. (㉠) 중국 사람, 인도 사람이 있고 러시아 사람도 있습니다. (㉡) 우리는 회사 기숙사에서 삽니다. (㉢) 우리는 기숙사에서 직접 저녁을 만들어 먹습니다. (㉣) 먹고 싶은 고향 음식을 만들 수 있어서 좋습니다.

1. 다음 문장이 들어갈 곳으로 가장 알맞은 것을 고르십시오.

그래서 일이 끝나면 기숙사에 갑니다.

① ㉠　　② ㉡　　③ ㉢　　④ ㉣

2. 윗글의 내용과 같은 것을 고르십시오.

① 우리 회사에는 외국 사람만 있습니다.
② 우리 회사 사람들은 요리를 잘합니다.
③ 우리 회사 사람들은 모두 기숙사에서 삽니다.
④ 우리 회사 기숙사에서 음식을 만들 수 있습니다.

3~4

오랜만에 친구 생각이 나서 친구에게 전화를 했습니다. (㉠) 그런데 친구 목소리가 힘이 없고 이상했습니다. (㉡) 저는 친구가 힘들 것 같아서 전화를 빨리 끊었습니다. (㉢) 저는 친구가 너무 걱정이 됩니다. (㉣) 내일 친구가 있는 병원에 가 봐야겠습니다.

3. 다음 문장이 들어갈 곳으로 가장 알맞은 것을 고르십시오.

친구는 운전을 하다가 사고가 나서 병원에 있었습니다.

① ㉠　　② ㉡　　③ ㉢　　④ ㉣

4. 윗글의 내용과 같은 것을 고르십시오.

① 친구는 목감기에 걸렸습니다.
② 친구는 힘들어서 전화를 끊었습니다.
③ 저는 친구와 오랜만에 전화를 했습니다.
④ 저는 친구를 병원에 데려다 주었습니다.

유형 8 글을 쓴 목적 고르기+세부내용 파악하기

Understanding the Type and Purpose of the Text+Understanding Specific Details

글을 쓴 목적을 고르고 같은 내용 찾기

Choose the purpose of the text and find the same content

유형소개
Introducing types

이메일이나 인터넷 게시판을 통해 정보를 알려주거나 문의 사항을 묻는 문장을 읽은 후 그 글을 쓴 목적을 고르는 문제와 지문의 내용과 같은 것을 찾는 문제입니다.
This involves reading sentences that share information or ask questions via email or internet forums, and then identifying the purpose of the text and finding content that matches the text.

유형적중 TIP
Tip for hitting the mark

먼저 제목을 보면 전체 내용을 미리 생각해 볼 수 있으니까 제목을 확인하는 것이 좋습니다.
Firstly, it's beneficial to check the title as it can give you a preliminary understanding of the overall content.

그리고 이와 같은 글에서는 정보를 알려주거나 문의하면서 '–(기) 바랍니다', '–(아/어) 주십시오', '–(으)면 됩니다', '–겠습니다', '–(으)ㄹ 수 있을까요?' 등의 표현이 자주 사용됩니다. 이러한 표현에 주의하면서 내용을 보면 좋습니다.
In these types of texts, expressions like '–(기) 바랍니다', '–(아/어) 주십시오', '–(으)면 됩니다', '–겠습니다', '–(으)ㄹ 수 있을까요?' are frequently used. Paying attention to these expressions while reading the content can be helpful.

63~64 **다음을 읽고 물음에 답하십시오.** 제64회 읽기 63~64번

http://hkAPT.com

한국 아파트 게시판 안내

행사 안내

공지 사항

지하 주차장 청소 안내

우리 아파트 지하 주차장 물청소를 다음 주 월요일과 화요일에 할 예정입니다. 청소를 하는 날에는 주차를 할 수 없습니다. 아파트의 다른 주차장을 이용하시기 바랍니다.

- **청소 일정**
  - 301동, 302동: 7월 29일(월)
  - 303동, 304동: 7월 30일(화)
- **청소 시간**
  - 09:00~18:00

2019년 7월 22일(월)
한국 아파트 관리실

63. 왜 윗글을 썼는지 맞는 것을 고르십시오.

① 청소 장소를 바꾸려고
② 청소 계획을 물어보려고
③ 청소 이유를 설명하려고
④ 청소 날짜와 시간을 알리려고

64. 윗글의 내용과 같은 것을 고르십시오.

① 이틀 동안 주차장 청소를 할 겁니다.
② 주차장 청소는 화요일에 시작할 겁니다.
③ 지하 주차장 물청소는 아홉 시까지 합니다.
④ 7월 22일까지 다른 주차장을 이용해야 합니다.

해설 Explanation

- 63번 문제의 답은 ④입니다. 주차장을 청소하면 주차장을 이용할 수 없습니다. 그래서 청소하는 날짜와 시간을 알려주고 있습니다.
- 64번 문제의 답은 ①입니다. 청소 날짜는 29일~30일입니다. 이틀 동안 합니다.
- The answer to question 63 is ④. When the parking lot is being cleaned, it cannot be used. Therefore, the cleaning dates and times are being informed.
- The answer to question 64 is ①. The cleaning dates are the 29th and 30th. It takes two days.

연습문제 다음을 읽고 물음에 답하십시오.

1~2

http://www.visitjeju.net

Jeju 제주특별자치도

축제 · 행사

행사

탐라 문화 축제

제2회 '탐라 문화 축제'가 4월 20일부터 5월 25일까지 매주 토요일 오후 4시부터 9시까지 산지천 광장에서 열립니다. 인기 가수들의 공연도 볼 수 있고 산지천부터 바다까지 산책길도 걸을 수 있습니다. 사랑하는 가족들, 친구들과 함께 놀러 오십시오.

- 일시: 2024년 4월 20일 ~ 5월 25일
  매주 토요일 오후 4시~9시
- 장소: 산지천 광장

1. 왜 윗글을 썼는지 맞는 것을 고르십시오.
   ① 축제 장소를 찾으려고
   ② 축제 가수를 초대하려고
   ③ 축제 시간을 결정하려고
   ④ 축제 내용을 알려 주려고

2. 윗글의 내용과 같은 것을 고르십시오.
   ① 축제는 두 달 동안 열립니다.
   ② 축제는 올해 처음 열렸습니다.
   ③ 축제는 평일에도 즐길 수 있습니다.
   ④ 축제에서 가수들을 볼 수 있습니다.

3~4

○○○

받는 사람 cutebag@hankuk.net

보내는 사람 lmj@mium.com

제목 갈색 가방이 너무 어두워요!

안녕하세요? 인터넷 게시판에 글을 썼는데 답장이 없어서 이메일을 보냅니다. 저는 지난주 금요일에 '귀여운 가방' 사이트에서 갈색 가방을 주문했습니다. 어제 가방을 받았는데 색깔이 제 생각보다 너무 어두웠습니다. 그래서 색깔을 노란색으로 바꾸고 싶습니다. 빠른 답장 부탁드립니다.

이민정 드림

3. 왜 윗글을 썼는지 맞는 것을 고르십시오.
   ① 게시판에 쓴 글을 찾으려고
   ② 가방 주문 방법을 물어보려고
   ③ 다른 색깔 가방으로 교환하려고
   ④ '귀여운 가방'에서 일하고 싶어서

4. 윗글의 내용과 같은 것을 고르십시오.
   ① 인터넷 게시판으로 답장을 받았습니다.
   ② 인터넷으로 노란색 가방을 주문했습니다.
   ③ 어제와 오늘 두 번 이메일을 보냈습니다.
   ④ 지난주 금요일에 인터넷에서 가방을 샀습니다.

유형 9 생략된 내용 찾기+추론하기

Finding and Inferring Omitted Information

빈칸에 들어갈 알맞은 말을 고르고 지문을 통해 알 수 있는 것 찾기

Choose the appropriate word to fill in the blank and find what can be understood from the text

유형소개
Introducing types

지문을 읽고 빈칸에 들어갈 알맞은 내용을 고르는 문제와 지문을 통해 알 수 있는 것을 찾는 문제입니다.
This involves reading the text and choosing the appropriate content to fill in the blanks, as well as finding what can be understood from the text.

유형적중 TIP
Tip for hitting the mark

빈칸에서는 어휘를 물을 수도 있고 문법을 물을 수도 있습니다. 또 내용과 관련된 것을 물을 수도 있습니다. 유형 6과 유형 7의 Tip을 다시 한 번 확인해 보면 좋습니다.
In the blanks, you may be asked about vocabulary, grammar, or something related to the content. It's a good idea to review the tips from Type 6 and Type 7 again.

이 문제에서는 지문의 내용으로 알 수 있는 것을 찾아야 합니다. 이 경우에 그 답은 지문의 내용을 다른 표현으로 바꿔서 비슷한 어휘를 사용한 문장이거나 지문에 나온 부분을 정리한 문장일 때가 많습니다.
In this type of problem, you need to find what can be understood from the content of the text. In this case, the answer often involves rephrasing the content of the text using similar vocabulary, or summarizing a part of the text.

69~70 **다음을 읽고 물음에 답하십시오.** 제83회 읽기 69~70번

> 제가 초등학생이었을 때의 일입니다. 그날은 아버지의 생일이었고 저는 아버지를 기쁘게 해 드리고 싶었습니다. 그래서 제가 아기 때부터 매일 안고 잔 고양이 인형을 선물로 드리기로 했습니다. 저는 아버지가 기뻐할 것 같았습니다. 그런데 (　　　㉠　　　) 아버지는 아무 말도 하지 않았습니다. 잠시 후 아버지는 웃으면서 저를 꼭 안아 주셨습니다. 시간이 흘러 저는 결혼을 하고 딸을 낳았습니다. 제 딸의 첫 번째 생일에 아버지는 예쁘게 포장한 그 고양이 인형을 제 딸에게 주셨습니다.

69. ㉠에 들어갈 말로 가장 알맞은 것을 고르십시오.

① 선물을 본　　② 인형을 준
③ 인형을 산　　④ 선물을 포장한

70. 윗글의 내용으로 알 수 있는 것을 고르십시오.

① 아버지는 제 선물을 받고 슬퍼하셨습니다.
② 제 딸은 새로 산 인형을 선물로 받았습니다.
③ 저는 아버지의 생일에 선물을 사 드렸습니다.
④ 아버지는 오랫동안 제 선물을 가지고 계셨습니다.

해설 Explanation

» 69번 문제의 답은 ①입니다. 딸은 고양이 인형을 아버지에게 선물로 드리기로 했습니다. 그리고 아버지는 선물을 받았습니다. 선물을 받은 아버지는 선물을 보고 아무 말도 하지 않았습니다.
» 70번 문제의 답은 ④입니다. 아버지는 초등학생 딸에게 선물을 받았습니다. 딸은 시간이 흘러 아이를 낳았고 아버지는 선물로 받은 인형을 딸의 아이에게 주었습니다.

» The answer to question 69 is ①. The daughter decided to give the cat doll as a gift to her father. And the father received the gift. Upon receiving the gift, the father didn't say anything after seeing it.
» The answer to question 70 is ④. The father received a gift from his elementary school daughter. As time passed, the daughter had a child, and the father gave the doll he received as a gift to his granddaughter.

연습문제 다음을 읽고 물음에 답하십시오.

1~2

저는 취미가 없었습니다. 매일 같은 생활을 하니까 재미가 없었습니다. 그런데 제 생일날에 친구한테서 기타를 선물 받았습니다. 매일 혼자서 기타 치는 연습을 하기 시작했는데 생각보다 기타 치는 것이 (㉠). 그래서 기타 학원에도 다니기 시작했습니다. 기타 학원에 다니면서 새 친구도 생겼습니다. 저는 요즘 아주 즐겁습니다.

1. ㉠에 들어갈 말로 가장 알맞은 것을 고르십시오.

① 무서웠습니다 ② 시끄러웠습니다
③ 재미있었습니다 ④ 재미없었습니다

2. 윗글의 내용으로 알 수 있는 것은 무엇입니까?

① 기타를 선물 받아서 기뻤습니다.
② 기타를 치면 친구를 사귈 수 있습니다.
③ 기타를 치는 것은 제 취미가 되었습니다.
④ 친구가 생겨서 기타를 칠 시간이 없습니다.

3~4

오늘은 회사에서 저와 같은 신입사원들을 환영하기 위해 회식을 합니다. 한국 사람들은 회식을 할 때 보통 술집에 갑니다. 그런데 저는 (㉠) 걱정입니다. 회식을 할 때 술집에 가지 말고 다른 곳에서 회식을 했으면 좋겠습니다. 영화를 다 같이 본 후에 커피숍을 가거나 다 같이 볼링을 치러 가는 것도 좋을 것 같습니다.

3. ㉠에 들어갈 말로 가장 알맞은 것을 고르십시오.

① 회식을 싫어해서 ② 술을 잘 못 마셔서
③ 영화를 못 볼까 봐 ④ 볼링을 잘 못 칠까 봐

4. 윗글의 내용으로 알 수 있는 것은 무엇입니까?

① 저는 신입 사원을 위해 회식을 준비했습니다.
② 저는 회식을 할 때 술 마시는 것을 좋아합니다.
③ 회식을 할 때에는 술집에서 했으면 좋겠습니다.
④ 회식할 때 영화를 보거나 볼링을 치러 가고 싶습니다.

Part

주제편

2

주제 01 인물

1~4 이 글의 내용과 같은 것 고르십시오.

1.

저의 삼촌은 외국에서 삽니다. 아버지는 삼촌이 너무 먼 곳에서 살아서 무척 보고 싶어 하셨습니다. 그런데 이틀 전에 삼촌이 한국에 들어오셨습니다. 삼촌은 우리 가족에게 줄 선물을 많이 사 오셨습니다. 그날 아버지와 삼촌은 밤늦게까지 이야기했습니다.

① 아버지는 외국에서 삽니다.
② 이틀 전에 아버지께서 오셨습니다.
③ 우리 가족은 삼촌에게 선물을 드렸습니다.
④ 삼촌은 아버지와 오랫동안 대화를 했습니다.

2.

저는 외국인 친구와 기숙사에서 함께 살고 있습니다. 처음에는 인상이 무서워서 친하지 않았습니다. 하지만 그 친구는 재미있고 저와 취미가 같았습니다. 저와 친구는 쇼핑하러 마트도 같이 가고 농구도 같이 합니다. 이제는 아주 친한 친구가 되었습니다.

① 저는 친구와 삽니다.
② 저는 혼자 농구를 합니다.
③ 저는 친한 친구가 없습니다.
④ 외국인 친구의 인상은 참 좋습니다.

1. 삼촌 Uncle

해설 아버지와 삼촌은 밤늦게까지 이야기를 했습니다. 그래서 ④가 정답입니다.

어휘 삼촌 uncle 외국 foreign country 살다 to live 너무 too 멀다 far 곳 place 무척 very 보고 싶다 miss 그런데 however 이틀 전 two days ago 들어오다 enter 가족 family 주다 to give 선물 gift 사다 to buy 밤늦게 late at night 이야기하다 to talk

2. 외국인 친구 Foreign Friend

해설 외국인 친구와 기숙사에서 함께 살고 있습니다. 그래서 ①이 정답입니다.

어휘 외국인 foreigner 친구 friend 기숙사 dormitory 함께 together 처음 first 인상 impression 무섭다 scary 친하다 friendly 취미 hobby 같다 same 재미있다 fun 쇼핑하다 to shop 마트 supermarket 같이 together 농구 basketball 이제 now 아주 very

3.

우리 언니는 저보다 나이가 한 살 많습니다. 우리는 평소에는 친하게 지냈습니다. 그런데 언니가 가끔 나에게 말을 안 하고 내 옷을 입고 밖으로 나갑니다. 그래서 우리는 자주 싸웁니다. 하지만 우리는 오늘부터 싸우지 않기로 했습니다.

① 언니와 저는 사이가 나빴습니다.
② 저는 언니한테 옷을 주었습니다.
③ 언니는 저에게 말을 하지 않습니다.
④ 언니와 저는 사이좋게 지내려고 합니다.

4.

우리 집 김치는 외할머니께서 만들어 주셨습니다. 외할머니께서는 시골에서 사십니다. 외할머니께서 김치나 반찬을 만들면 우리 집으로 보내주십니다. 이제는 외할머니께서 연세가 많으셔서 반찬을 만들기 힘들어하십니다. 저는 외할머니께서 건강하게 오래 사셨으면 좋겠습니다.

① 저는 시골에서 삽니다.
② 외할머니께서는 건강하십니다.
③ 우리 집 김치는 외할머니께서 만들었습니다.
④ 저는 외할머니의 음식이 너무 먹고 싶습니다.

3. 언니 Elder Sister

해설 우리는 오늘부터 서로 싸우지 않기로 했습니다. 그래서 ④가 정답입니다.

어휘 –보다 than 나이 age 살(나이) years old 평소 usually 지내다 to spend time 가끔 sometimes 말(언어) language 옷 clothes 입다 to wear 밖 outside 나가다 to go out 그래서 therefore 자주 often 싸우다 to fight 하지만 but 부터 from 사이좋다 good relationship

4. 외할머니 Maternal Grandmother

해설 우리 집 김치는 외할머니께서 만들어 주셨습니다. 그래서 ③이 정답입니다.

어휘 집 house 김치 kimchi 외할머니 maternal-grandmother 만들다 to make 시골 countryside 반찬 side dish 보내주다 to send 연세 age 힘들다 hard 건강하다 healthy 오래 long

5~8 (　　㉠　　)에 들어갈 가장 알맞은 것을 고르십시오.

5.

우리 오빠는 태권도 선수였습니다. 올림픽에 나간 적도 있습니다. 여러 대회에 나가서 성적도 좋았습니다. (　　㉠　　) 작년에 연습을 하다가 다쳐서 운동을 할 수 없게 되었습니다. 그래서 지금은 학원에서 아이들에게 태권도를 가르치고 있습니다.

① 그리고
② 그래서
③ 그런데
④ 그러면

6.

저는 지난달에 신입 사원으로 회사에 들어갔습니다. (　　㉠　　) 자주 실수를 했습니다. 직장인들은 회사에 다닐 때 직장 선배 때문에 스트레스를 많이 받습니다. 하지만 저는 좋은 직장 선배를 만나서 스트레스를 받지 않고 잘 지내고 있습니다. 나중에 저도 신입 사원을 잘 도와주는 좋은 선배가 되고 싶습니다.

① 회사 생활이 좋아서
② 회사 생활을 잘해서
③ 회사 생활이 재미있어서
④ 회사 생활이 처음이라서

5. 오빠 Brother

해설 오빠는 태권도를 잘하는 사람인데 다쳐서 운동을 할 수 없으므로 '그런데'로 연결해야 합니다. ③이 정답입니다.

어휘 태권도 taekwondo 선수 player 올림픽 olympics 여러 several 대회 tournament 성적 grade, score 작년 last year 연습 practice 다치다 to get injured 운동 exercise 지금 now 학원 academy 아이들 children 가르치다 to teach 그리고 and 그래서 therefore 그런데 however 그러면 then

6. 직장 선배 Senior Colleague

해설 자주 실수를 한 이유는 회사 생활이 처음이기 때문입니다. 그래서 ④가 정답입니다.

어휘 지난달 last month 신입 사원 new employee 회사 company 들어가다 to enter 실수 mistake 직장인 office worker 다니다 to attend 때(시간) time 직장 workplace 선배 senior 때문에 because of 스트레스를 받다 to get stressed 만나다 to meet 나중에 later 잘 well 도와주다 to help

7.

저와 남편은 대학교에서 처음 만났습니다. 그때는 남편의 집과 우리 집이 가까워서 자주 볼 수 있었습니다. 하지만 대학교 졸업 후 제가 이사를 가서 우리는 자주 보지 못 했습니다. (㉠   ) 우리는 계속 연락을 하면서 지냈고 작년에 결혼을 했습니다. 결혼을 하니까 매일 볼 수 있어서 행복합니다.

① 그래서
② 그러면
③ 그러니까
④ 그렇지만

8.

저의 동생은 성격이 아주 밝습니다. 제 동생은 기분이 좋으면 부모님 앞에서 노래를 부르면서 춤을 춥니다. 그러면 부모님께서도 기분이 좋아서 크게 웃으십니다. 저는 조용한 성격이라서 동생의 성격이 부럽습니다. 저도 동생처럼 (㉠   )

① 춤을 추면 좋겠습니다.
② 노래를 부르면 좋겠습니다.
③ 성격이 밝았으면 좋겠습니다.
④ 조용한 성격이면 좋겠습니다.

7. 남편 Husband

해설 자주 보지 못했지만 남편과 계속 연락을 하고 결혼했습니다. 그러므로 ④가 정답입니다.

어휘 남편 husband 대학교 university 그때 at that time 가깝다 close 졸업 graduation 후(뒤) after 이사 move 못하다 can't 계속 continue 연락 contact 결혼 marriage 매일 everyday 행복하다 happy 그러니까 so 그렇지만 but

8. 동생 Younger Sister

해설 동생의 밝은 성격이 부럽기 때문에 ③이 정답입니다.

어휘 동생 younger sibling 성격이 밝다 bright personality 기분 mood 부모님 parents 앞 front 노래를 부르다 to sing a song 춤을 추다 to dance 크다 big 웃다 to laugh 조용하다 quiet 부럽다 envy -처럼 like

9~10 다음을 읽고 중심내용을 고르십시오.

9.

오늘은 조카가 중학교를 졸업하는 날입니다. 제가 어렸을 때는 졸업식 날 항상 자장면을 먹었습니다. 그래서 오늘 조카에게 자장면과 탕수육을 사 줄 겁니다. 제가 사 주는 음식을 조카가 좋아했으면 좋겠습니다.

① 저는 자장면을 좋아합니다.
② 저는 자장면을 먹고 싶습니다.
③ 저는 조카의 졸업식에 가고 싶습니다.
④ 저는 조카에게 자장면을 사 주고 싶습니다.

10.

저는 퇴근하고 학원에서 한국어를 배우고 있습니다. 낮에는 일을 하니까 퇴근하면 피곤합니다. 하지만 한국어 선생님이 재미있어서 매일 학원에 가게 됩니다. 한국어 선생님 때문에 웃으니까 스트레스가 풀립니다. 저도 나중에 재미있는 한국어 선생님이 되고 싶습니다.

① 저는 매일 공부합니다.
② 일과 공부를 같이 하면 피곤합니다.
③ 재미있는 한국 사람이 되는 것이 꿈입니다.
④ 제 꿈은 재미있는 한국어 선생님이 되는 것입니다.

9. 조카 Nephew

해설 자신이 어렸을 때 졸업식 날 자장면을 먹은 것처럼 조카의 졸업식 날 조카에게 자장면을 사주고 싶다고 한 ④가 정답입니다.

어휘 조카 niece, nephew 중학교 middle school 날 day 어리다 young 항상 always 자장면 black bean noodles 탕수육 sweet and sour pork

10. 한국어 선생님 Korean Teacher

해설 '재미있는 한국어 선생님'이 되고 싶다고 했으므로 ④가 정답입니다.

어휘 퇴근하다 to leave work 학원 academy 배우다 to learn 낮 daytime 피곤하다 tired 선생님 teacher 스트레스가 풀리다 stress relieved 나중에 later

11. 다음 문장이 들어갈 곳을 고르십시오.

우리 아버지는 한국 사람이고 어머니는 일본 사람입니다. (㉠) 오래전에 어머니는 한국으로 유학을 왔고 아버지를 만나서 결혼했습니다. (㉡) 두 분 다 한식을 좋아하고 성격도 잘 맞습니다. (㉢) 가끔 한국과 일본이 하는 축구 경기를 볼 때는 각자 자기 나라의 말로 싸울 때도 있습니다. (㉣)

하지만 저는 그 모습이 좋아 보입니다.

① ㉠　　② ㉡　　③ ㉢　　④ ㉣

12. 다음을 순서대로 맞게 나열한 것을 고르십시오.

(가) 제 딸은 몸이 약하고 건강이 안 좋습니다.
(나) 그래서 우리는 시골로 이사했습니다.
(다) 저는 딸이 하나 있습니다.
(라) 이사한 후 딸의 건강이 좋아졌습니다.

① (가)–(나)–(다)–(라)　　② (가)–(다)–(나)–(라)
③ (다)–(가)–(나)–(라)　　④ (다)–(가)–(라)–(나)

11. 부모님 Parents

해설 부모님이 축구를 보면서 싸우지만 그 모습도 저는 좋아 보입니다. 그러므로 ④가 정답입니다.

어휘 일본 Japan 오래전 long ago 유학 study abroad 다(모두) all 한식 Korean food 성격이 맞다 compatible personalities 가끔 sometimes 축구 경기 soccer match 각자 each 자기 oneself 모습 appearance

12. 딸 Daughter

해설 딸이 하나 있는데 몸이 안 좋아서 시골로 이사를 했고 이사한 후 딸의 건강이 좋아졌으므로 ③이 정답입니다.

어휘 제 my 딸 daughter 몸 body 약하다 weak 좋아지다 to get better 건강 health 이사 move

주제 01 인물

단어	영어	일본어	중국어	베트남어
삼촌	uncle	おじさん	叔叔	Chú
외국	foreign country	外国	外国	Ngoại quốc
살다	to live	住む、生きる	生活	Sống
너무	too	あまりに、とても	很、非常	Rất
멀다	far	遠い	远	Xa
곳	place	ところ	地方	Nơi chốn
무척	very	とても	非常、十分	Vô cùng
보고 싶다	miss	会いたい	想念	Nhớ
그런데	however	ところで、ところが	但是	Tuy nhiên
이틀 전	two days ago	2日前	两天前	Hai ngày trước
들어오다	enter	入る、入ってくる	进来	Đi vào
가족	family	家族	家人	Gia đình
주다	to give	あげる、くれる	给	Cho
선물	gift	贈り物	礼物	Quà tặng
사다	to buy	買う	买	Mua
밤늦게	late at night	夜遅く	深夜	Buổi tối muộn
이야기하다	to talk	話す	聊、谈话	Nói chuyện
외국인	foreigner	外国人	外国人	Người ngoại quốc
친구	friend	友だち	朋友	Bạn bè
기숙사	dormitory	寮、寄宿舎	宿舍	Ký túc xá
함께	together	ともに、一緒に	一起	Cùng nhau
처음	first	はじめて	最初	Đầu tiên
인상	impression	印象	印象	Ấn tượng
무섭다	scary	怖い	可怕、吓人	Sợ hãi
친하다	friendly	親しい	亲近、要好	Thân thiết
취미	hobby	趣味	兴趣、爱好	Sở thích
같다	same	同じだ	一样	Giống
재미있다	fun	おもしろい	有趣、有意思	Thú vị
쇼핑하다	to shop	買い物する	购物、买东西	Mua sắm
마트	supermarket	スーパー	超市	Siêu thị
같이	together	いっしょに	一起	Cùng nhau
농구	basketball	バスケットボール	篮球	Bóng rổ
이제	now	今、もう	现在、如今	Bây giờ
아주	very	とても	很、非常	Rất, lắm
보다	than	より	比	So với
나이	age	年齢	年纪	Tuổi tác

단어	영어	일본어	중국어	베트남어
살(나이)	years old	歳	岁	Tuổi
평소	usually	ふだん	平时	Thường ngày
지내다	to spend time	過ごす	相处	Trải qua
가끔	sometimes	時々、たまに	偶尔	Thỉnh thoảng
말(언어)	language, words	ことば	话、语言	Lời nói
옷	clothes	服	衣服	Áo
입다	to wear	着る	穿	Mặc
밖	outside	外	外面	Bên ngoài
나가다	to go out	出かける	出去	Đi ra ngoài
그래서	therefore	それで	所以	Vì vậy
자주	often	よく、しょっちゅう	经常	Thường xuyên, hay
싸우다	to fight	争う、けんかする	吵架	Xung đột
하지만	but	でも、だが	但是	Nhưng
부터	from	から	从~	Từ
사이좋다	good relationship	仲がいい	亲近、关系好	Hòa thuận
집	house	家	家	Nhà
김치	kimchi	キムチ	辛奇	Kim chi
외할머니	great-grandmother	（母方の）祖母	姥姥、外婆	Bà ngoại
만들다	to make	作る	做、制作	Làm ra
시골	countryside	いなか	乡下、农村	Nông thôn
반찬	side dish	おかず	菜肴、小菜	Món ăn kèm
보내주다	to send	送る	送来、送给	Gởi cho
연세	age	お歳（敬語）	年纪、岁数	Tuổi tác
힘들다	hard	たいへんだ、つらい	辛苦	Vất vả
건강하다	healthy	健康だ、元気だ	健康	Khỏe mạnh
오래	long	しばらく、長く	长久、很久	Lâu
태권도	taekwondo	テコンドー	跆拳道	Môn võ taekwondo
선수	player	選手	选手	Tuyển thủ
올림픽	olympics	オリンピック	奥林匹克	Thế vận hội Olympics
여러	several	いろいろな、いくつかの	各种	Nhiều
대회	tournament	大会	大赛	Đại hội
성적	grade, score	成績	成绩	Thành tích
작년	last year	去年、昨年	去年	Năm ngoái
연습	practice	練習	练习	Luyện tập
다치다	to get injured	ケガする	受伤	Bị thương
운동	exercise	運動	运动	Vận động

주제 01 인물

단어	영어	일본어	중국어	베트남어
지금	now	今	现在	Bây giờ
학원	academy	学院、塾	培训机构、补习班	Trung tâm đào tạo
아이들	children	子どもたち	孩子们	Trẻ em
가르치다	to teach	教える	教	Dạy
그리고	and	そして、それから	并且	Và
그래서	therefore	それで、だから	所以	Vì vậy
그런데	however	ところで、ところが	但是	Tuy nhiên
그러면	then	では、それなら	那么	Nếu vậy thì
지난달	last month	先月	上个月	Tháng trước
신입사원	new employee	新入社員	新职员	Nhân viên mới
회사	company	会社	公司	Công ty
들어가다	to enter	入る、入っていく	进入、进去	Đi vào
실수	mistake	ミス、失敗	错误、失误	Sai sót
직장인	office worker	会社員、社会人	上班族、工薪族	Nhân viên văn phòng
다니다	to attend	通う	去（上班）	Đi làm
때(시간)	time	時	时，~的时候	Khi
직장	workplace	職場、勤務先	工作单位	Nơi làm việc
선배	senior	先輩	前辈	Tiền bối
때문에	because of	ために、ので	因为	Bởi vì
스트레스를 받다	to get stressed	ストレスを受ける	受到压力	Bị căng thẳng đầu óc
만나다	to meet	会う	遇到	Gặp mặt
나중에	later	後で、のちに	以后	Sau này
잘	well	よく、うまく	好好地	Tốt
도와주다	to help	手伝う、助ける	帮助	Giúp đỡ
남편	husband	夫	丈夫	Chồng
대학교	university	大学	大学	Đại học
그때	at that time	その時	那时候	Vào lúc đó
가깝다	close	近い	近	Gần
졸업	graduation	卒業	毕业	Tốt nghiệp
후(뒤)	after	後	后、以后	Sau đó
이사	move	引っ越し	搬家	Chuyển đi
못하다	can't	できない	不能、无法	Không thể
계속	continue	ずっと、続けて	继续	Liên tục
연락	contact	連絡	联系	Liên lạc
결혼	marriage	結婚	结婚	Kết hôn
매일	everyday	毎日	每天	Mỗi ngày

단어	영어	일본어	중국어	베트남어
행복하다	happy	幸せだ	幸福	Hạnh phúc
그러니까	so	だから	因此、所以	Vì vậy
그렇지만	but	でも、しかし	然而、可是	Nhưng mà
동생	younger sibling	弟、妹、年下	弟弟或者妹妹	Em
성격이 밝다	bright personality	性格が明るい	性格开朗	Tính cách cởi mở
기분	mood	気持ち、気分	心情	Tâm trạng
부모님	parents	両親、親	父母	Bố mẹ, ba mẹ,
앞	front	前	面前	Phía trước
노래를 부르다	to sing a song	歌う	唱歌	Ca hát
춤을 추다	to dance	踊る	跳舞	Nhảy
크다	big	大きい	大	To
웃다	to laugh	笑う	笑	Cười
조용하다	quiet	静かだ	安静	Yên lặng
부럽다	envy	うらやましい	羡慕	Ganh tị
처럼	like	のように	像~一样	Giống với
조카	niece, nephew	甥、姪	侄子或者侄女	Cháu
중학교	middle school	中学校	初中	Trường trung học cơ sở
날	day	日	日子、天	Ngày
어리다	young	幼い、若い	小、年幼	Trẻ trung
항상	always	いつも	总是、经常	Luôn luôn
자장면	black bean noodles	ジャージャー麺	炸酱面	Mì tương đen
탕수육	sweet and sour pork	酢豚	糖醋肉	Thịt heo chiên giòn sốt chua ngọt
퇴근하다	to leave work	退勤する	下班	Tan việc
학원	academy	学院、塾	培训机构、补习班	Học viện
배우다	to learn	学ぶ	学习	Học
낮	daytime	昼	白天	Ban ngày
피곤하다	tired	疲れる	累	Mệt mỏi
선생님	teacher	先生	老师	Giáo viên
스트레스가 풀리다	stress relieved	ストレスがなくなる	排解压力	Giải tỏa căng thẳng
나중에	later	後で、のちに	以后	Sau này
일본	Japan	日本	日本	Nhật Bản
오래전	long ago	しばらく前	很久以前	Từ lâu
유학	study abroad	留学	留学	Du học
다(모두)	all	みな、すべて	都	Tất cả
한식	Korean food	韓国料理	韩国菜	Thức ăn Hàn Quốc

인물

단어	영어	일본어	중국어	베트남어
성격이 맞다	compatible personalities	性格が合う	性格合适	Hợp tính
가끔	sometimes	時々、たまに	偶尔	Thỉnh thoảng
축구 경기	soccer match	サッカー競技	足球比赛	Trận đấu bóng đá
각자	each	各自	各自	Mỗi
자기	oneself	自分、自身	自己	Bản thân
모습	appearance	姿	样子	Hình dáng
제	my	私の	我的	Của tôi
딸	daughter	娘	女儿	Con gái
몸	body	体	身体	Cơ thể
약하다	weak	弱い	弱、虚弱	Yếu
좋아지다	to get better	良くなる	好转、变好	Trở nên tốt hơn
건강	health	健康	健康	Sức khỏe
이사	move	引っ越し	搬家	Chuyển đi

memo

주제 02 직업

1~4 이 글의 내용과 같은 것 고르십시오.

1.

저는 작은 식당을 하고 있습니다. 우리 가게는 점심시간이 제일 바쁩니다. 근처의 회사원들이 찌개를 먹으러 오기 때문입니다. 김치찌개, 된장찌개는 우리 가게에서 제일 인기가 많은 메뉴입니다. 우리 가게에 오시는 손님들이 음식을 맛있게 먹는 것을 보면 행복합니다.

① 우리 가게는 항상 바쁩니다.
② 저는 김치찌개를 제일 잘 만듭니다.
③ 우리 가게에는 메뉴가 아주 많습니다.
④ 저는 손님들이 음식을 맛있게 먹을 때 행복합니다.

2.

제가 어릴 때 우리 집에 불이 난 적이 있습니다. 그때 소방관 아저씨들이 와서 불을 끄고 우리 가족을 도와주었습니다. 그 후 저는 소방관이 되려고 공부와 운동을 열심히 했습니다. 얼마 전에 소방관 시험을 봤고 합격을 했습니다. 이제 소방관이 되었으니까 많은 사람들을 도와줄 것입니다.

① 얼마 전에 우리 집에 불이 났습니다.
② 이웃들이 우리 가족을 도와주었습니다.
③ 소방관이 되고 싶어서 시험을 봤습니다.
④ 소방관이 된 후 사람들을 도와주었습니다.

1. 식당 사장님 Restaurant Owner

해설 가게에 오시는 손님들이 음식을 맛있게 먹는 것을 보면 행복합니다. 그래서 ④가 정답입니다.

어휘 식당 restaurant 가게 store 점심시간 lunch time 제일 the most 바쁘다 busy 근처 nearby 회사원 office worker 김치찌개 kimchi stew 된장찌개 soybean paste stew 인기가 많다 popular 메뉴 menu 손님 customer 맛있다 delicious

2. 소방관 Firefighter

해설 소방관이 되려고 공부와 운동을 했고 얼마 전에 시험을 봤으므로 ③이 정답입니다.

어휘 불이 나다 fire break out 소방관 firefighter 아저씨 mister 불을 끄다 to put out fire 공부 study 열심히 diligently 얼마 전 a little while ago 시험 exam 합격 pass

3.

저는 사람들 집에 찾아가서 냉장고를 고치는 일을 합니다. 처음 이 일을 시작했을 때는 힘들었습니다. 사람들과 이야기하는 것이 부끄러웠기 때문입니다. 하지만 냉장고를 고쳐줘서 고맙다는 말을 들으면 기분이 좋아집니다. 그래서 지금은 이 일이 아주 마음에 듭니다.

① 저의 직업은 힘든 직업입니다.
② 냉장고를 고치면 기분이 좋아집니다.
③ 제가 찾아가면 사람들이 부끄러워합니다.
④ 처음에는 힘들었지만 지금은 제 일이 좋습니다.

4.

제가 어렸을 때 비행기를 탔는데 예쁜 승무원 언니가 있었습니다. 승무원 언니가 너무 예뻐서 저도 승무원 언니처럼 되고 싶었습니다. 그래서 운동하면서 체중 관리도 하고 외국어 공부도 열심히 했습니다. 그리고 저는 비행기 승무원이 되었습니다. 가끔 일을 할 때 어린 여자아이가 나를 보면 저의 어렸을 때가 생각나서 재미있습니다.

① 저는 승무원입니다.
② 저는 언니가 되고 싶었습니다.
③ 저는 어린 여자아이가 좋습니다.
④ 저는 외국어를 잘하고 싶습니다.

3. 냉장고 A/S 기사 Refrigerator Repair Technician

해설 처음에는 사람들과 이야기하는 것이 부끄러워서 힘들었지만 지금은 이 일이 아주 마음에 듭니다. 그래서 ④가 정답입니다.

어휘 찾아가다 to go to find 냉장고 refrigerator 고치다(수리하다) to fix 시작하다 to start 부끄럽다 shy 고맙다 thankful 듣다 to hear 마음에 들다 to like

4. 승무원 Flight Attendant

해설 '저는 승무원이 되었습니다.'라고 했으므로 ①이 정답입니다.

어휘 비행기 airplane 타다 to ride 예쁘다 pretty 승무원 flight attendant 체중 weight 관리 management 외국어 foreign language 여자아이 girl 생각나다 to remember

5~8 (㉠   )에 들어갈 가장 알맞은 것을 고르십시오.

5.

프로게이머는 세계의 여러 나라 사람들과 컴퓨터 게임으로 경기하는 선수입니다. 컴퓨터 게임으로 경기하는 시장이 커지면서 프로게이머의 인기도 많아지고 있습니다. 그래서 프로게이머는 요즘 아이들이 (㉠   ) 직업이 되었습니다.

① 좋아한
② 좋아할
③ 좋아하는
④ 좋아하던

6.

저는 날씨를 사람들에게 미리 말해주는 사람입니다. 날씨는 계속 변하기 때문에 일기예보를 (㉠   ) 날씨를 미리 알면 편리하기 때문입니다. 날씨를 항상 정확하게 알 수는 없지만 저는 사람들에게 도움이 되는 저의 직업이 참 좋습니다.

① 봐야 합니다.
② 볼 줄 압니다.
③ 볼 수 있습니다.
④ 보면 안 됩니다.

5. 프로게이머 Professional Gamer

해설 요즘 프로게이머의 인기도 많아지고 있습니다. 그래서 ③이 정답입니다.

어휘 프로게이머 professional gamer 세계 world 컴퓨터 computer 게임 game 경기하다 to compete 시장 market 커지다 to grow 요즘 these days 직업 occupation 선수 athlete

6. 기상예보사 Weather Forecaster

해설 날씨는 계속 변하기 때문에 일기예보를 봐야 합니다. 그래서 ①이 정답입니다.

어휘 날씨 weather 미리 in advance 변하다 to change 일기예보 weather forecast 알다 to know 편리하다 convenient 정확하다 accurate 도움 help 참 really 항상 always

7.

우리 약국은 병원 앞에 있습니다. 사람들은 보통 의사 선생님을 만난 후 우리 약국으로 옵니다. (　　　㉠　　　) 저는 약을 줍니다. 그런데 어떤 사람들은 아플 때 병원에 가지 않고 저에게 병을 고치는 방법을 물어 봅니다. 아플 때는 병원에 가야 합니다.

① 그러나
② 그러면
③ 그래도
④ 그렇지만

8.

계절이 바뀌면 많은 사람들이 감기에 걸려서 병원에 옵니다. 저는 병원에서 일하면서 사람들이 오랫동안 기다리는 것을 자주 봅니다. 어떤 사람들은 시간이 없어서 그냥 가기도 합니다. 그런데 감기에 걸리기 전에 주사를 맞으면 병원에 오지 않아도 됩니다. 사람들이 미리 주사를 맞으러 (　　　㉠　　　)

① 오면 좋겠습니다.
② 오기로 했습니다.
③ 온 적이 있습니다.
④ 오고 싶어 합니다.

7. 약사 Pharmacist

해설 약사는 의사가 아닙니다. 그런데 병을 고치는 방법을 물어보는 손님이 있습니다. 그러므로 ②가 정답입니다.

어휘 약사 pharmacist 대부분 most 아프다 sick 의사 doctor 약국 pharmacy 그러면 then 병을 고치다 cure the disease 방법 way 물어보다 to ask 병원 hospital

8. 간호사 Nurse

해설 계절이 바뀔 때 많은 사람들이 감기에 걸립니다. 미리 주사를 맞으면 병원에 안 와도 됩니다. 그래서 ①이 정답입니다.

어휘 간호사 nurse 계절 season 바뀌다 to change 감기에 걸리다 to catch a cold 오랫동안 for a long time 기다리다 to wait 어떤 사람 some person 시간이 없다 no time 그냥 just 주사를 맞다 to get an injection

9~10 다음을 읽고 중심내용을 고르십시오.

9.

저는 쓰레기를 치우는 환경미화원입니다. 쓰레기에서 냄새가 나고 더럽기 때문에 사람들은 저의 직업을 싫어합니다. 하지만 가끔 고맙다고 말하는 사람들이 있습니다. 사람들이 싫어하는 직업이지만 누군가는 꼭 해야 하는 직업입니다. 그래서 저는 계속 이 일을 하려고 합니다.

① 사람들은 더러운 쓰레기를 싫어합니다.
② 저에게 고맙다고 말하는 사람도 있습니다.
③ 저는 쓰레기를 치우는 환경미화원이 되고 싶습니다.
④ 저의 직업을 사람들이 싫어해도 이 일을 계속할 겁니다.

10.

피자는 이탈리아 음식이지만 한국의 피자는 조금 다릅니다. 한국에는 이탈리아에 없는 갈비피자, 불고기피자, 김치피자가 있습니다. 저도 가끔 새로운 맛의 피자를 만들기도 합니다. 모든 사람들이 좋아하는 맛있고 건강한 피자를 만드는 것이 저의 꿈입니다.

① 피자는 이탈리아 음식입니다.
② 이탈리아 피자는 인기가 좋습니다.
③ 한국의 피자보다 이탈리아 피자가 맛있습니다.
④ 사람들이 좋아하는 새로운 피자를 만들고 싶습니다.

9. 환경미화원 Sanitation Worker

해설 사람들이 싫어하는 직업이지만 누군가는 꼭 해야 하는 일입니다. 그래서 ④가 정답입니다.

어휘 쓰레기 garbage 치우다 to clean up 환경미화원 sanitation worker 냄새가 나다 to smell 더럽다 dirty 싫어하다 to dislike 누군가 someone 꼭 surely

10. 피자집 주방장 Pizzaiolo

해설 모든 사람들이 좋아하는 맛있고 건강한 피자를 만드는 것이 저의 꿈입니다. 그러므로 ④가 정답입니다.

어휘 피자 pizza 주방장 chef 이탈리아 Italy 조금 a bit 다르다 different 갈비피자 rib pizza 불고기피자 bulgogi pizza 새롭다 new 맛 taste 꿈 dream

11. 다음 문장이 들어갈 곳을 고르십시오.

기자는 사람들에게 정보나 소식을 전해 주는 사람입니다. (㉠) 정보나 소식을 전할 때는 빨리 전하는 것보다 맞는 정보나 소식을 전하는 것이 중요합니다. (㉡) 이렇게 틀린 정보가 있는 뉴스는 안 좋은 사회 문제를 만듭니다. (㉢) 그래서 인터넷에서 뉴스나 기사를 볼 때에는 맞는 정보인지 꼭 확인해야 합니다. (㉣)

하지만 요즘은 인터넷에 틀린 정보가 너무 많습니다.

① ㉠ ② ㉡ ③ ㉢ ④ ㉣

12. 다음을 순서대로 맞게 나열한 것을 고르십시오.

(가) 오징어는 밤에 나가야 잡을 수 있습니다.
(나) 그래서 오징어 배는 불빛이 밝습니다.
(다) 오징어가 빛을 좋아하기 때문입니다.
(라) 저는 배를 타고 오징어를 잡는 어부입니다.

① (가)–(나)–(다)–(라) ② (가)–(다)–(나)–(라)
③ (라)–(가)–(나)–(다) ④ (라)–(가)–(다)–(나)

11. 기자 Journalist

해설 '맞는 정보나 소식을 전하는 것이 중요하다 → 하지만 가짜 정보가 많다 → 가짜 뉴스는 사회 문제를 만든다' 그러므로 ②가 정답입니다.

어휘 정보 information 소식 news 전하다 to convey 기자 reporter 빨리 quickly 맞다(틀리다) right(wrong) 중요하다 important 가짜 fake 사회 society 문제 problem 인터넷 Internet 기사 article 확인하다 to check

12. 어부 Fisherman

해설 오징어가 빛을 좋아하기 때문에 오징어 배는 불빛이 밝습니다. 그래서 ④가 정답입니다.

어휘 오징어 squid 밤 night 잡다 catch 불빛/빛 light 배를 타다 get on the boat 어부 fisherman

주제 02 직업

단어	영어	일본어	중국어	베트남어
식당	restaurant	食堂	饭店	Nhà hàng
가게	store	店	店铺	Cửa hàng
점심시간	lunch time	昼休み、昼食時間	午饭时间	Giờ ăn trưa
제일	the most	いちばん	最	Nhất
바쁘다	busy	忙しい	忙	Bận rộn
근처	nearby	近所	附近	Gần đó
회사원	office worker	会社員	公司职员	Nhân viên văn phòng
김치찌개	kimchi stew	キムチチゲ	辛奇汤	Canh kim chi hầm
된장찌개	soybean paste stew	味噌チゲ	大酱汤	Canh đậu tương hầm
인기가 많다	popular	人気がある	很受欢迎	Nổi tiếng
메뉴	menu	メニュー	菜单	Thực đơn
손님	customer	客、お客さん	客人	Khách hàng
맛있다	delicious	おいしい	好吃	Ngon
불이 나다	fire break out	火事になる	着火、失火	Bốc cháy
소방관	firefighter	消防士	消防官	Lính cứu hỏa
아저씨	mister	おじさん	大叔、叔叔	Chú, ông
불을 끄다	to put out fire	火を消す	灭火	Dập lửa
공부	study	勉強	学习	Học
열심히	diligently	一生懸命	努力	Một cách chăm chỉ
얼마 전	a little while ago	少し前、先日	不久前	Cách đây không lâu
시험	exam	試験	考试	Cuộc thi
합격	pass	合格	合格	Thi đậu
찾아가다	to go to find	訪ねる	拜访	Đi tìm
냉장고	refrigerator	冷蔵庫	冰箱	Tủ lạnh
고치다(수리하다)	to fix	直す	修理	Sửa chữa
시작하다	to start	始める	开始	Bắt đầu
부끄럽다	shy	恥ずかしい	害羞	Mắc cỡ
고맙다	thankful	ありがたい	感谢	Cámơn
듣다	to hear	聞く	听	Nghe
마음에 들다	to like	気に入る	满意	Hài lòng
비행기	airplane	飛行機	飞机	Máy bay
타다	to ride	乗る	乘坐	Lái
예쁘다	pretty	かわいい、きれいだ	漂亮	Xinh xắn
승무원	flight attendant	乗務員	乘务员	Tiếp viên hàng không
체중	weight	体重	体重	Cân nặng
관리	management	管理	管理	Quản lý

직업

단어	영어	일본어	중국어	베트남어
외국어	foreign language	外国語	外语	Ngoại ngữ
여자아이	girl	女の子	小女孩儿	Bé gái
생각나다	to remember	思い出す	想起	Nhớ ra
프로게이머	professional gamer	プロゲーマー	电竞选手	Người chơi game chuyên nghiệp
세계	world	世界	世界	Thế giới
컴퓨터	computer	コンピューター	电脑	Máy tính
게임	game	ゲーム	游戏	Trò chơi
경기하다	to compete	競技（を）する	比赛、竞技	Thi đấu
시장	market	市場、マーケット	市场	Thị trường
커지다	to grow	大きくなる	变大、扩大	Tăng trưởng
요즘	these days	このごろ	最近	Dạo gần đây
직업	occupation	職業	职业	Nghề nghiệp
선수	athlete	選手	选手	Tuyển thủ
날씨	weather	天気、陽気	天气	Thời tiết
미리	in advance	前もって	事先	Sẵn
변하다	to change	変わる	变化	Thay đổi
일기예보	weather forecast	天気予報	天气预报	Dự báo thời tiết
알다	to know	知る、わかる	知道	Biết
편리하다	convenient	便利だ	便利、方便	Tiện lợi
정확하다	accurate	正確だ	正确、准确	Chính xác
도움	help	助け、ヘルプ	帮助	Sự giúp đỡ
참	really	本当に、真の	真、非常	Rất
항상	always	いつも	总是、经常	Luôn luôn
약사	pharmacist	薬剤師	药剂师	Dược sỹ
대부분	most	大部分	大部分	Hầu như
아프다	sick	痛い、具合が悪い	生病	Đau bệnh
의사	doctor	医師	医生	Bác sĩ
약국	pharmacy	薬局	药店	Nhà thuốc
그러면	then	それでは	那么	Nếu vậy thì
병을 고치다	cure the disease	病気を治す	治病	Chữa bệnh
방법	way	方法	方法	Phương pháp
물어보다	to ask	尋ねる	问	Hỏi
병원	hospital	病院	医院	Bệnh viện
간호사	nurse	看護師	护士	Y tá
계절	season	季節	季节	Mùa

주제 02 직업

단어	영어	일본어	중국어	베트남어
바뀌다	to change	かわる	变换	Thay đổi
감기에 걸리다	to catch a cold	風邪をひく	感冒	Bị cảm
오랫동안	for a long time	しばらく	很长时间	Trong thời gian dài
기다리다	to wait	待つ	等待、等候	Đợi
어떤 사람	some person	ある人	有的人	Người nào đó
시간이 없다	no time	時間がない	没有时间	Không có thời gian
그냥	just	そのまま、ただ	就那么、就那样	Chỉ là
주사를 맞다	to get an injection	注射をうつ	打针	Tiêm chích
쓰레기	garbage	ごみ	垃圾	Rác
치우다	to clean up	片付ける	收拾	Dọn dẹp
환경미화원	sanitation worker	清掃員	清洁工	Nhân viên vệ sinh công cộng
냄새가 나다	to smell	におう	有味儿、有臭味儿	Bốc mùi
더럽다	dirty	汚い	脏	Bẩn
싫어하다	to dislike	きらう	不喜欢、讨厌	Ghét
누군가	someone	誰か	有人、某人	Ai đó
꼭	surely	きっと	一定	Nhất định
피자	pizza	ピザ	披萨	Bánh pizza
주방장	chef	料理長	厨师长	Bếp trưởng
이탈리아	Italy	イタリア	意大利	Nước Ý
조금	a bit	少し	有点儿、稍微	Một chút
다르다	different	違う	不一样	Khác nhau
갈비피자	rib pizza	カルビピザ	排骨披萨	Bánh pizza thịt sườn
불고기피자	bulgogi pizza	プルコギピザ	烤牛肉披萨	Bánh pizza thịt nướng
새롭다	new	新しい	新的	Mới mẻ
맛있다	taste	おいしい	好吃	Ngon
꿈	dream	夢	梦想	Giấc mơ
정보	information	情報	信息、咨询	Thông tin
소식	news	ニュース、知らせ	消息	Tin tức
전하다	to convey	伝える	传达、传递	Truyền đạt
기자	reporter	記者	记者	Ký giả
빨리	quickly	早く、速く	快、迅速	Nhanh
맞다(틀리다)	right (wrong)	合っている（間違った）	正确、对	Đúng (sai)
중요하다	important	重要だ	重要	Quan trọng
가짜	fake	にせもの	假的	Giả
사회	society	社会	社会	Xã hội

단어	영어	일본어	중국어	베트남어
문제	problem	問題	问题	Vấn đề
인터넷	internet	インターネット	互联网	Mạng internet
기사	article	記事	新闻报道	Bài báo
확인하다	to check	確認する	确认	Xác nhận
오징어	squid	イカ	鱿鱼	Con mực
밤	night	夜	晚上	Đêm
잡다	catch	つかむ、捕える	抓	Nắm giữ
불빛/빛	light	光、あかり	灯光/光	Ánh đèn
배를 타다	get on the boat	船に乗る、乗船する	坐船	Đi thuyền
어부	fisherman	漁師	渔夫	Ngưdân

주제 03 취미

1~4 이 글의 내용과 같은 것 고르십시오.

1.

저는 한국 드라마를 보는 것을 좋아합니다. 한국 드라마는 배우들이 멋있고 내용이 재미있습니다. 그래서 거의 매일 보고 있습니다. 예전의 저의 부모님은 한국 드라마에 관심이 없었습니다. 하지만 요즘 저 때문에 한국 드라마를 좋아하게 되었습니다.

① 저는 한국 드라마를 가끔 봅니다.
② 저는 한국 드라마를 본 적이 없습니다.
③ 부모님께서는 한국 드라마를 좋아합니다.
④ 부모님 때문에 한국 드라마가 좋아졌습니다.

2.

저의 취미는 만화를 그리는 것입니다. 어릴 때부터 만화를 좋아했습니다. 만화를 그리면 만화 속 세상에서 사는 것 같습니다. 요즘은 컴퓨터로 만화를 그리는데 예전보다 쉽게 그릴 수가 있어서 좋습니다. 재미있는 만화를 그려서 친구들에게 보여줄 겁니다.

① 저는 만화 속 세상에서 삽니다.
② 예전부터 컴퓨터로 그림을 그렸습니다.
③ 컴퓨터로 만화 그리는 것을 좋아합니다.
④ 만화를 그리고 싶어서 컴퓨터를 배웁니다.

1. 한국 드라마 보기 Watching Korean Dramas

해설 부모님이 저 때문에 한국 드라마를 좋아하게 되었습니다. 그래서 ③이 정답입니다.

어휘 드라마 drama 배우 actor 멋있다 cool, stylish 내용 content 거의 almost 예전 past 관심 interest 매일 everyday

2. 만화 그리기 Drawing Comics

해설 요즘은 컴퓨터로 만화를 그리는데 예전보다 쉽게 그릴 수 있어서 좋습니다. 그래서 ③이 정답입니다.

어휘 취미 hobby 만화 comic 그리다 draw 속 inside 세상 world 쉽다 easy 보여주다 show

3.

저는 일 년에 한 번은 꼭 해외여행을 갑니다. 해외여행을 가기 위해서 보통 일 년 전부터 돈을 모으기 시작합니다. 그리고 돈이 모이면 회사에 휴가를 내고 여행을 갑니다. 그곳에서 사람들과 사진을 찍고 엽서를 삽니다. 제가 모은 엽서와 사진을 보면 그때 추억이 생각나서 좋습니다.

① 회사에서 해외여행을 갑니다.
② 저는 1년에 한 번 여행을 갑니다.
③ 회사에서 추억이 쌓여서 좋습니다.
④ 돈을 모으기 위해 회사에 휴가를 냅니다.

4.

저의 취미는 쇼핑입니다. 특히 옷을 사는 것을 좋아합니다. 주로 계절이 바뀔 때 옷을 많이 삽니다. 저는 올해 유행하는 패션을 알기 위해서 잡지나 TV를 자주 봅니다. 그래서 제 친구는 옷을 사러 갈 때 항상 저와 같이 가려고 합니다.

① 저는 유행을 잘 알고 있습니다.
② 제 친구는 옷을 잘 못 입습니다.
③ 저는 계절이 바뀌면 잡지를 삽니다.
④ 제 친구는 잡지나 TV를 보는 것을 좋아합니다.

3. 해외여행 Traveling Abroad

해설 저는 일 년에 한 번은 꼭 해외여행을 갑니다. 그래서 ②가 정답입니다.

어휘 년(해) year 번(횟수) time(as in occurrences) 해외여행 overseas travel 보통 usually 돈 money 모으다 to collect 휴가를 내다 to take a vacation 그곳 that place 사진을 찍다 to take a photo 엽서 postcard 추억 memory 모이다 to gather

4. 쇼핑 Shopping

해설 저는 올해 유행하는 패션을 알기 위해서 잡지나 TV를 자주 봅니다. 그래서 ①이 정답입니다.

어휘 특히 especially 주로 mainly 올해 this year 유행하다 to be in fashion 패션 fashion 잡지 magazine

5~8 (㉠   )에 들어갈 가장 알맞은 것을 고르십시오.

5.

저는 집에서 요리할 때가 제일 즐겁습니다. 제가 만든 요리를 가족들이 맛있게 먹는 것을 보면 행복합니다. 하지만 요즘 사람들은 스마트폰으로 음식을 배달시켜서 먹습니다. 음식을 배달시켜서 먹으면 (㉠   ) 건강에 좋지 않습니다. 사랑하는 가족들을 위해서 음식은 만들어 먹는 것이 좋겠습니다.

① 편하고
② 편해서
③ 편하면서
④ 편하지만

6.

저는 어렸을 때부터 춤을 잘 추지 못했습니다. 하지만 춤을 추는 것을 좋아해서 학원에서 춤을 배웠습니다. 춤은 (㉠   ) 건강에 좋습니다. 처음에는 춤을 잘 추지 못했지만 지금은 잘 추게 되었습니다. 저는 춤을 좋아하는 사람들과 함께 댄스 모임을 만들 겁니다.

① 잘 추어야
② 잘 추는 사람만
③ 운동이 아니니까
④ 운동이 되기 때문에

5. 요리하기 Cooking

해설 음식을 배달시켜서 먹으면 편합니다. 그렇지만 건강에 좋지 않습니다. 그래서 ④가 정답입니다.

어휘 요리하다 to cook 즐겁다 joyful 스마트폰 smartphone 배달시키다 to order delivery 편하다 comfortable 사랑하다 to love

6. 춤추기 Dancing

해설 춤이 건강에 좋은 이유는 춤을 추면 운동이 되기 때문입니다. 그래서 ④가 정답입니다.

어휘 댄스 dance 모임 gathering 어리다 to be young 학원 academy 못하다 to not be able to

7.

저는 혼자 영화 보는 것을 좋아합니다. 영화를 혼자 보면 좋은 점이 많습니다. 슬픈 영화를 볼 때 마음대로 울 수 있고, 재미있는 영화를 볼 때는 크게 웃을 수 있습니다. (㉠) 영화 볼 때 말하지 않아도 되니까 영화를 더 잘 볼 수 있습니다. 저는 이렇게 영화 속으로 들어가는 느낌이 좋습니다.

① 그러면
② 그래서
③ 그리고
④ 그런데

8.

저는 50대 후반 주부입니다. 어렸을 때부터 피아노를 배우고 싶었지만 배울 수 없었습니다. 나이가 더 많아지기 전에 피아노를 배우려고 합니다. 그래서 저는 피아노 학원에서 매일 2시간 연습하고 있습니다. 열심히 연습해서 가족들을 위해 피아노 음악 한 곡을 다 (㉠)

① 연주해도 됩니다.
② 연주하고 싶습니다.
③ 연주하지 않습니다.
④ 연주할 수 없습니다.

7. 영화 보기 Watching Movies

해설 혼자 영화를 볼 때 크게 웃을 수 있고 말하지 않아도 되니까 영화를 더 잘 볼 수 있습니다. 그래서 ③이 정답입니다.

어휘 혼자 alone 영화 movie 점(장점) point (advantage) 슬프다 sad 마음대로 as one pleases 울다 to cry 이렇게 like this 더 more 들어가다 to go in 느낌 feeling

8. 피아노 연주 Playing the Piano

해설 피아노를 배운 지 얼마 안 되었지만 가족들을 위해 피아노를 연주하고 싶다는 내용이므로 ②가 정답입니다.

어휘 대(나이) age 후반 latter half 주부 housewife 피아노 piano 나이 age 음악 music 곡(음악) song (music) 연주하다 to play (an instrument) 연습하다 practice

9~10 다음을 읽고 중심내용을 고르십시오.

9.

저는 일요일마다 산에 갑니다. 산에서 깨끗한 공기를 마시면 기분이 좋아집니다. 그리고 산에 올라갈 때 땀이 나면 스트레스가 풀립니다. 그래서 지금은 예전보다 몸이 좋아졌습니다. 다음 주에는 가족과 같이 산에 가려고 합니다.

① 저는 산에서 삽니다.
② 저는 등산을 좋아합니다.
③ 저는 산에서 운동을 합니다.
④ 저는 땀이 나면 기분이 좋아집니다.

10.

저는 주말 저녁에 친구들과 만나면 언제나 노래방에 갑니다. 우리는 노래방에서 다 같이 춤을 추면서 노래를 크게 부릅니다. 그러면 우리는 서로를 보면서 크게 웃습니다. 노래를 못 불러도 그냥 재미있게 놀면 스트레스가 풀립니다.

① 제 친구는 재미있습니다.
② 노래를 못 부르면 재미가 없습니다.
③ 저는 춤을 추려고 노래방에 갑니다.
④ 놀 때는 재미있게 놀아야 스트레스가 풀립니다.

9. 등산 Mountain Climbing

해설 산에 가서 깨끗한 공기를 마시면 기분이 좋고 땀을 흘리면 스트레스가 풀립니다. 그래서 ②가 정답입니다.

어휘 일요일 Sunday 마다 every 산 mountain 깨끗하다 clean 공기를 마시다 to breathe air 올라가다 to go up 땀이 나다 to sweat 다음 주 next week

10. 노래방 가기 Karaoke

해설 재미있게 놀면 스트레스가 풀립니다. 그래서 ④가 정답입니다.

어휘 주말 weekend 저녁 evening 언제나 always 노래방 karaoke 못 cannot 놀다 to play 서로 each other

11. 다음 문장이 들어갈 곳을 고르십시오.

사물놀이는 한국의 전통 놀이입니다. (㉠) 네 가지 악기로 연주하면서 놀기 때문에 사물놀이라고 합니다. (㉡) 악기를 연주하는 네 사람은 각자의 자리에 앉아서 신나게 연주를 합니다. (㉢) 그래서 요즘 외국인들도 사물놀이를 많이 배웁니다. (㉣)

이렇게 신나게 연주하는 사람들을 보면 구경하는 사람들도 같이 즐거워집니다.

① ㉠　　② ㉡　　③ ㉢　　④ ㉣

12. 다음을 순서대로 맞게 나열한 것을 고르십시오.

(가) 종이로 만든 책은 눈이 아프지 않기 때문입니다.
(나) 눈이 안 아프니까 항상 종이책을 가지고 다닙니다.
(다) 요즘은 스마트폰으로 책을 보는 사람이 많습니다.
(라) 그렇지만 저는 종이책이 더 좋습니다.

① (나)–(라)–(가)–(다)　　② (나)–(가)–(다)–(라)
③ (다)–(라)–(나)–(가)　　④ (다)–(라)–(가)–(나)

11. 사물놀이 Samulnori

해설 '네 사람이 앉아서 신나게 연주합니다 → 이렇게 신나게 연주하는 사람들'로 연결되어야 합니다. 그래서 ③이 정답입니다.

어휘 사물놀이 Samulnori(Korean traditional percussion quartet) 전통놀이 traditional play 가지(종류) kind (type) 악기 musical instrument 자리 seat 앉다 to sit 신나다 to be exciting 구경하다 to watch

12. 종이로 된 책 보기 Reading Paper Books

해설 요즘은 스마트폰으로 책을 보는 사람이 많지만 종이로 만든 책은 눈이 아프지 않아서 항상 가지고 다닌다는 내용입니다. ④가 정답입니다.

어휘 종이 paper 책 book 눈 eye 가지다 to have 그렇지만 however

주제 03 취미

단어	영어	일본어	중국어	베트남어
드라마	drama	ドラマ	电视剧	Phim truyền hình
배우	actor	俳優	演员	Diễn viên
멋있다	cool, stylish	素敵だ	帅气	Phong độ
내용	content	内容	内容	Nội dung
거의	almost	ほとんど	几乎	Gần như
예전	past	以前	以前	Trước đây
관심	interest	関心、興味	关心	Quan tâm
매일	everyday	毎日	每天	Mỗi ngày
취미	hobby	趣味	兴趣、爱好	Sở thích
만화	comic	マンガ	漫画	Truyện tranh
그리다	draw	描く	画	Vẽ
속	inside	中、内	里	Bên trong
세상	world	世の中	世界	Thế giới
쉽다	easy	やさしい、簡単だ	简单	Dễ
보여주다	show	見せる	展示、给~看	Trưng bày
년(해)	year	年	年	Năm
번(횟수)	time (as in occurrences)	回、度	次	Lần (số đếm)
해외여행	overseas travel	海外旅行	出国旅游	Du lịch nước ngoài
보통	usually	普通	普通	Thông thường, phổ thông
돈	money	（お）金	钱	Tiền
모으다	to collect	集める,ためる	攒	Dành dụm
휴가를 내다	to take a vacation	休暇をとる	休假	Nghỉ phép
그곳	that place	そこ	那个地方	Nơiđó
사진을 찍다	to take a photo	写真を撮る	拍照	Chụp hình
엽서	postcard	はがき	明信片	Bưu thiếp
추억	memory	思い出	回忆	Kỉ niệm
모이다	to gather	集まる	积攒	Tập trung lại
특히	especially	特に	特别、尤其	Đặc biệt là
주로	mainly	主に	为主、主要	Chủ yếu
올해	this year	今年	今年	Năm nay
유행하다	to be in fashion	流行する	流行	Thịnh hành
패션	fashion	ファッション	时尚	Thời trang
잡지	magazine	雑誌	杂志	Tạp chí
요리하다	to cook	料理する	烹饪	Nấu ăn
즐겁다	joyful	楽しい	快乐、高兴	Thích thú

취미 

단어	영어	일본어	중국어	베트남어
스마트폰	smartphone	スマートフォン	智能手机	Điện thoại thông minh
배달시키다	to order delivery	出前（配達）をたのむ	点外卖	Đặtgiaohàng
편하다	comfortable	楽だ	方便、便利	Tiện lợi
사랑하다	to love	愛する	爱、爱惜	Yêu
댄스	dance	ダンス	舞蹈、跳舞	Nhảy
모임	gathering	集まり、会	集会、聚会	Cuộc gặp mặt
어리다	to be young	幼い、若い	小、年幼	Trẻ trung
학원	academy	学院、塾	培训机构、补习班	Học viện
못하다	to not be able to	できない	不能、无法	Không thể
혼자	alone	ひとり	自己、一个人	Một mình
영화	movie	映画	电影	Phim chiếu rạp
점(장점)	point (advantage)	点（長所）	点、处	Điểm (điểm mạnh)
슬프다	sad	悲しい	悲伤	Buồn
마음대로	as one pleases	思い通りに、勝手に	随心所欲、随便	Tùy ý
울다	to cry	泣く、鳴く	哭	Khóc
이렇게	like this	このように	这样	Như thế này
더	more	もっと、さらに	更	Nữa
들어가다	to go in	入る	进入、进去	Đi vào
느낌	feeling	感じ	感觉	Cảm giác
대(나이)	age	代	~多岁（大约的年岁）	Thế hệ
후반	latter half	後半	后半（本文指55岁~60岁之间）	Nửa sau
주부	housewife	主婦	主妇	Nội trợ
피아노	piano	ピアノ	钢琴	Đàn piano
나이	age	歳、年齢	年纪	Tuổi
음악	music	音楽	音乐	Âm nhạc
곡(음악)	song (music)	曲	曲、曲子	Bài hát
연주하다	to play (an instrument)	演奏する	演奏	Biểu diễn (nhạc cụ)
연습하다	practice	練習する	练习	Luyện tập
일요일	sunday	日曜日	星期天	Ngày chủ nhật
마다	every	毎（に）	每~、每个~	Mỗi
산	mountain	山	山	Núi
깨끗하다	clean	きれいだ	干净	Trong lành
공기를 마시다	to breathe air	空気を吸う	呼吸空气	Hít thở không khí
올라가다	to go up	上がる、登る	爬上去	Đi lên

주제 03 취미

단어	영어	일본어	중국어	베트남어
땀이 나다	to sweat	汗をかく	出汗	Ra mồ hôi
다음 주	next week	来週、次週	下个星期	Tuần sau
주말	weekend	週末	周末	Cuối tuần
저녁	evening	夜、夕方	晚上	Buổi tối
언제나	always	いつも	无论什么时候	Bất cứ khi nào
노래방	karaoke	カラオケ	练歌房、歌厅	Quán karaoke
못	cannot	～できない	不能	Không thể
놀다	to play	遊ぶ	玩儿	Chơi
서로	each other	お互いに	互相	Lẫn nhau
사물놀이	samulnori (Korean traditional percussion quartet)	サムルノリ	四物游戏	Trò chơi samulnori (trò chơi nhạc cụ 4 bộ gõ của Hàn Quốc)
전통놀이	traditional play	伝統の遊び	传统游戏	Trò chơi truyền thống
가지(종류)	kind (type)	種類	种、种类	Loại
악기	musical instrument	楽器	乐器	Nhạc cụ
자리	seat	席、場所	座位、位置	Chỗ ngồi
앉다	to sit	座る	坐	Ngồi
신나다	to be exciting	楽しい、ウキウキする	开心、高兴	Hứng thú
구경하다	to watch	見物する	看、观看	Xem
종이	paper	紙	纸	Giấy
책	book	本	书	Sách
눈	eye	目	眼睛	Mắt
가지다	to have	持つ	带、携带	Có
그렇지만	however	しかし、だが	然而、可是	Nhưng mà

memo

주제 04 일상생활

1~4 다음을 읽고 내용이 같은 것을 고르십시오.

1.

한국에 유학 온 후 아침을 잘 먹지 못합니다. 한국어 수업은 9시에 시작하는데 저는 8시 30분쯤에 일어납니다. 학교에 갈 준비를 해야 해서 아침을 먹을 시간이 없습니다. 아침을 안 먹으니까 점심을 빨리 먹고 많이 먹습니다. 그래서 소화가 잘 안 되고 배가 자주 아픕니다.

① 저는 아침 먹는 것을 안 좋아합니다.
② 한국어 수업은 8시 30분에 시작합니다.
③ 학교 갈 준비 때문에 아침을 못 먹습니다.
④ 저는 아침과 점심을 안 먹어서 배가 아픕니다.

2.

요즘 공원이나 거리에서 개를 데리고 산책하는 사람들을 자주 볼 수 있습니다. 저는 개를 좋아하기 때문에 여기저기에서 개를 볼 수 있어서 좋습니다. 하지만 개를 싫어하거나 무서워하는 사람들도 있습니다. 그러니까 개를 데리고 나올 때는 조심해야 합니다.

① 저는 개하고 산책하는 것을 좋아합니다.
② 요즘 개와 함께 산책하는 사람들이 많습니다.
③ 개를 데리고 산책하는 것은 건강에 좋습니다.
④ 산책은 공원이나 거리에서 하는 것이 좋습니다.

1. 아침 식사와 건강 Breakfast and Health

해설 학교에 갈 준비를 해야 해서 아침 먹을 시간이 없습니다. 그래서 ③이 정답입니다.

어휘 유학 study abroad 아침 breakfast 수업 class 쯤 about, around 일어나다 to wake up 준비 preparation 소화 digestion

2. 개와 함께 하는 산책 Walking with Dogs

해설 요즘 개를 데리고 산책하는 사람들이 많습니다. 그래서 ②가 정답입니다.

어휘 공원 park 이나 or 거리 street 개 dog 데리다 to take 산책하다 to walk, to stroll 여기저기 here and there 무서워하다 to be scared 나오다 to come out 조심하다 to be careful

3.

한 달에 한 번 우리 집에서는 특별한 모임을 합니다. 그 모임에서는 여러 나라 음식을 먹어 볼 수 있습니다. 여러 나라 친구들이 고향 음식을 만들어서 가지고 오기 때문입니다. 저는 그 모임에서 처음 먹어 본 음식이 많습니다. 내일 그 모임이 있는데 친구들이 가지고 올 음식이 아주 궁금합니다.

① 한 달에 한 번 우리 집에서 여러 나라 음식을 팝니다.
② 친구들이 내일 모임에서 먹을 음식을 알고 싶어 합니다.
③ 우리 집에 여러 나라 사람들이 모여서 고향 음식을 만듭니다.
④ 저는 우리 집에서 하는 모임에서 처음 먹은 음식이 있습니다.

Part 2 주제편

4.

어제 인터넷에서 운동화를 한 켤레 샀습니다. 평소 사고 싶은 운동화였는데 비싸서 할인하기를 기다리고 있었습니다. 그런데 어제 인터넷에서 그 운동화를 60% 할인하고 있었습니다. 사고 싶은 운동화를 싸게 살 수 있어서 기분이 좋았습니다. 운동화가 빨리 왔으면 좋겠습니다.

① 운동화가 너무 싸서 안 샀습니다.
② 어제 백화점에서 운동화를 구경했습니다.
③ 어제 운동화를 신어 보니까 잘 맞았습니다.
④ 인터넷에서 운동화를 할인해서 팔고 있었습니다.

3. 특별한 모임 Special Gathering

해설 저는 모임에서 처음 먹어 본 음식이 많습니다. 그래서 ④가 정답입니다.

어휘 달 month 특별하다 to be special 고향 hometown 모임 gathering, meeting 내일 tomorrow 궁금하다 to be curious

4. 인터넷 쇼핑 Online Shopping

해설 어제 인터넷에서 운동화를 60% 할인하고 있었습니다. 그래서 ④가 정답입니다.

어휘 어제 yesterday 운동화 sneakers 켤레 pair 비싸다 expensive 할인하다 to discount 기다리다 to wait 싸다 cheap 신다 to wear (shoes) 맞다(사이즈) to fit 팔다 to sell

5~8 (　　㉠　　)에 들어갈 말로 가장 알맞은 것을 고르십시오.

5.

오랜만에 집 청소를 했습니다. 그동안 비가 내려서 창문을 열 수 없었습니다. 오늘은 날씨가 아주 맑아서 창문을 모두 열고 청소를 할 수 있었습니다. 2시에 청소하기 시작했는데 청소가 끝나니까 4시 반이었습니다. 혼자 청소하는 것이 좀 힘들기는 했지만 청소가 끝난 후 (　　㉠　　) 집을 보니까 기분이 정말 좋았습니다.

① 맑은
② 흐린
③ 깨끗한
④ 차가운

6.

이번 주 일요일은 같은 반 친구의 생일입니다. (　　㉠　　) 그날 반 친구들과 함께 학교 근처 식당에서 저녁을 먹으려고 합니다. 학교 근처에 갈비찜이 유명한 식당이 있습니다. 다른 음식도 맛있고 값도 비싸지 않습니다. 그 식당은 주말에 항상 손님이 많으니까 미리 예약을 해야겠습니다.

① 그리고
② 그래서
③ 그러면
④ 그러나

5. 집 청소 House Cleaning

해설 오랜만에 한 청소에 대한 내용입니다. 청소가 끝난 후의 집은 깨끗하니까 ③이 정답입니다.

어휘 오랜만에 after a long time 청소 cleaning 동안 during 비가 내리다 It rains 창문 window 열다 to open 맑다 clear 모두 all 시 o'clock 반 half 좀 a little 끝나다 to end 정말 really 흐리다 cloudy 차갑다 cold

6. 식당 예약 Restaurant Reservation

해설 친구들과 같이 식당에서 저녁을 먹는 이유는 친구 생일 때문입니다. 그래서 ②가 정답입니다.

어휘 이번 this time 반 half, class 생일 birthday 그날 that day 근처 nearby 갈비찜 braised ribs 유명하다 famous 값 price 미리 in advance 예약 reservation 그러나 but

7.

저는 한국 음식을 좋아합니다. 특히 김치를 좋아해서 김치로 만든 음식은 다 좋아합니다. 그래서 저는 한국에서 김치 만드는 방법을 배우려고 합니다. (　　㉠　　) 그것으로 여러 음식을 만들고 싶습니다. 빨리 김치 만드는 방법을 배우고 싶습니다.

① 김치를 만들어서
② 김치를 만드니까
③ 김치를 만들려고
④ 김치를 만드는데

8.

다음 주 금요일은 동생의 생일입니다. 오늘 동생에게 줄 (　　㉠　　) 우체국에 갔습니다. 동생에게 줄 선물은 운동화입니다. 동생은 운동을 좋아하고 운동화를 모으는 것도 좋아합니다. 제 선물이 동생의 마음에 들었으면 좋겠습니다.

① 선물을 받는데
② 선물을 부치러
③ 선물을 사다가
④ 선물을 포장하면

7. 김치 만들기 Kimchi Making

해설 김치 만드는 방법을 배운 후에 그것으로 여러 가지 음식을 만들고 싶다는 내용입니다. 먼저 김치를 만들고 그 후에 그것으로 여러 음식을 만들려고 하니까 ①이 정답입니다.

어휘 한국 Korea 특히 especially 방법 method 그것 that

8. 동생 생일 선물 Birthday Gift for Brother

해설 동생의 생일 선물로 운동화를 사서 동생에게 보낸다는 내용입니다. 그래서 ②가 정답입니다.

어휘 금요일 Friday 우체국 post office 모으다 to collect 마음에 들다 to like 부치다 to post 포장하다 to pack

9~10 다음을 읽고 중심 내용을 고르십시오.

9.

우리 집에는 화분이 많습니다. 화분이 많으니까 집 안의 공기가 항상 좋은 것 같습니다. 화분의 꽃과 나무들을 보면 기분도 좋아집니다. 저는 주말마다 화분에 물을 줍니다. 음악을 들으면서 화분에 물을 줄 때 일주일 동안의 스트레스가 풀립니다.

① 집에 화분이 많으니까 참 좋습니다.
② 주말마다 화분에 물을 줘야 합니다.
③ 집 안의 공기가 좋으면 기분이 좋습니다.
④ 스트레스를 풀려면 꽃과 나무들을 봐야 합니다.

10.

오늘은 친구와 함께 초콜릿 박물관에 갔습니다. 나는 초콜릿에 별로 관심이 없었는데 친구가 초콜릿을 좋아해서 거기에 갔습니다. 거기에 가니까 초콜릿의 역사도 알 수 있고 초콜릿도 만들어 볼 수 있었습니다. 초콜릿 박물관은 생각보다 아주 재미있었습니다. 다음에 또 가 보고 싶습니다.

① 초콜릿을 좋아하면 초콜릿 박물관에 가야 합니다.
② 초콜릿 박물관은 가 보니까 아주 재미있었습니다.
③ 초콜릿을 만들기 위해서 초콜릿 박물관에 갑니다.
④ 초콜릿의 역사를 배우려면 초콜릿 박물관에 가야 합니다.

9. 화분 키우기 Growing Potted Plants

해설 집에 화분이 많아서 좋은 점에 대해 말하고 있기 때문에 ①이 정답입니다.

어휘 화분 flower pot 공기 air 꽃 flower 나무 tree 마다 every 물 water 일주일 one week 스트레스가 풀리다 to relieve stress

10. 초콜릿 박물관 Chocolate Museum

해설 초콜릿 박물관에 가니까 재미있어서 또 가고 싶다고 했습니다. 그래서 ②가 정답입니다.

어휘 초콜릿 chocolate 박물관 museum 별로 not very, not much 관심 interest 거기 there 역사 history 생각 thought, thinking 보다 than 또 again, also

11. 다음 문장이 들어갈 곳으로 가장 알맞은 것을 고르십시오.

요즘 어깨와 목이 너무 아픕니다. (㉠) 회사에서 컴퓨터를 오래 해서 그런 것 같습니다. (㉡) 그래서 어제부터 요가를 배우기 시작했습니다. (㉢) 처음 배워서 어렵지만 요가를 하고 나면 기분도 좋고 어깨와 목도 덜 아픕니다. (㉣)

친구에게 이야기하니까 요가 학원을 소개해 주었습니다.

① ㉠ ② ㉡ ③ ㉢ ④ ㉣

Part 2 주제편

12. 다음을 순서에 맞게 배열한 것을 고르십시오.

(가) 그래서 오늘 인터넷으로 표를 예매했습니다.
(나) 이번 주말에 극장에 가려고 합니다.
(다) 보고 싶은 영화가 있기 때문입니다.
(라) 주말에는 극장에 사람이 많으니까 미리 표를 사는 게 좋습니다.

① (나)-(다)-(라)-(가) ② (나)-(라)-(가)-(다)
③ (라)-(가)-(다)-(나) ④ (라)-(나)-(다)-(가)

11. 요가 Yoga

해설 요가 학원을 소개 받은 후에 요가 학원에 가야 요가를 배울 수 있습니다. 그래서 ②가 정답입니다.

어휘 어깨 shoulder 목 neck 오래 long 그렇다 so, like that 요가 yoga 어렵다 difficult 덜 less 이야기하다 to talk, to speak 학원 private institute 소개하다 to introduce

12. 영화표 예매 Movie Ticket Reservation

해설 주말 영화표 예매에 대한 내용입니다. 먼저 주말에 극장에 갈 계획을 말하고 주말 영화표를 예매하는 이유를 말해야 합니다. 그래서 ①이 정답입니다.

어휘 표 ticket 예매하다 to reserve 극장 theater

주제 04 일상생활

단어	영어	일본어	중국어	베트남어
유학	study abroad	留学	留学	Du học
아침	breakfast	朝	早饭	Buổi sáng
수업	class	授業	课、课程	Buổi học
쯤	about, around	ころ、あたり	前后	Khoảng
일어나다	to wake up	起きる	起床	Thức dậy
준비	preparation	準備	准备	Chuẩn bị
소화	digestion	消化	消化	Tiêu hóa
공원	park	公園	公园	Công viên
이나	or	～や	或者	Hoặc
거리	street	通り	街、街道	Đường phố
개	dog	犬	狗	Con chó
데리다	to take	連れる	带、牵着	Dẫn theo
산책하다	to walk, to stroll	散歩する	散步	Tản bộ
여기저기	here and there	あちこち	到处	Chỗ này chỗ kia
무서워하다	to be scared	怖がる	害怕	sợ
나오다	to come out	出てくる	出来	Hiện ra
조심하다	to be careful	気をつける	小心	Cẩn thận
달	month	月	月、月份	Mặt trăng
특별하다	to be special	特別だ	特别	Đặc biệt
고향	hometown	故郷	故乡	Quê hương
모임	gathering, meeting	集まり、会	聚会	Cuộc gặp mặt
내일	tomorrow	明日	明天	Ngày mai
궁금하다	to be curious	気になる、知りたい	好奇	Tò mò
어제	yesterday	昨日	昨天	Hôm qua
운동화	sneakers	運動靴	运动鞋	Giày thể thao
켤레	pair	～足（履物を数える単位）	双	Đôi (giày dép)
비싸다	expensive	高い	贵	Mắc, đắt
할인하다	to discount	割引する	打折	Giảm giá
기다리다	to wait	待つ	等	Đợi, chờ
싸다	cheap	安い	便宜	Rẻ
신다	to wear (shoes)	はく	穿	Mang (giày dép)
맞다(사이즈)	to fit	合う	正好、合适	Vừa vặn
팔다	to sell	売る	卖	Bán
오랜만에	after a long time	久しぶりに	好久	Sau một thời gian
청소	cleaning	掃除	打扫、清扫	Dọn vệ sinh

단어	영어	일본어	중국어	베트남어
동안	during	間	期间	Trong lúc
비가 내리다	It rains	雨が降る	下雨	Đổmưa
창문	window	窓	窗户	Cửa sổ
열다	to open	開ける	开	Mở ra
맑다	clear	澄んだ、晴れた	晴朗	Trong lành
모두	all	みな、すべて	全部	Tất cả
시	o'clock	時	点	Giờ
반(30분)	half	半	半	Nửa (giờ)
좀	a little	少し	稍微、有点儿	Một chút
끝나다	to end	終わる	结束	Kết thúc
정말	really	本当に	真、真的	Thật sự,
흐리다	cloudy	曇る	阴	Âm u
차갑다	cold	冷たい	凉、冰凉	Lạnh
이번	this time	今度、今回	这个	Lần này
반(학급)	half, class	クラス、級	班、班级	Lớp (học)
생일	birthday	誕生日	生日	Sinh nhật
그날	that day	その日	那天	Ngày hôm đó
근처	nearby	近く	附近	Gầnđó,
갈비찜	braised ribs	カルビチム	炖牛排骨	Món sườn hầm
유명하다	famous	有名だ	有名	Nổi tiếng
값	price	値段、価値	价格、价钱	Giá cả
미리	in advance	あらかじめ、前もって	事先、预先	Sẵn
예약	reservation	予約	预约、预定	Đặt trước
그러나	but	しかし	可是、但是	Nhưng mà
한국	Korea	韓国	韩国	Hàn Quốc
특히	especially	特に	特别、尤其	Đặc biệt là
방법	method	方法	方法	Phương pháp
그것	that	それ	它	Đó, kia
금요일	Friday	金曜日	星期五	Thứ sáu
우체국	post office	郵便局	邮局	Bưu điện
모으다	to collect	集める	收集、收藏	Dành dụm
마음에 들다	to like	気に入る	喜欢、满意	Hài lòng
부치다	to post	送る	寄、邮	Gởi đi
포장하다	to pack	包装する、包む	包装	Đóng gói
화분	flower pot	鉢	花盆	Chậu hoa
공기	air	空気	空气	Không khí

일상생활

단어	영어	일본어	중국어	베트남어
꽃	flower	花	花	Bông hoa
나무	tree	木	树	Cây
마다	every	～毎	每~、每个~	Mỗi
물	water	水	水	Nước
일주일	one week	一週間	一个星期	Một tuần
스트레스가 풀리다	to relieve stress	ストレスがなくなる	排解压力	Giải tỏa căng thẳng
초콜릿	chocolate	チョコレート	巧克力	Sô cô la
박물관	museum	博物館	博物馆	Viện bảo tàng
별로	not very, not much	あまり、別に	不太	Không mấy
관심	interest	関心、興味	关心	Quan tâm
거기	there	そこ	那里	Đó, kia
역사	history	歴史	历史	Lịch sử
생각	thought, thinking	考え	想法	Suy nghĩ
보다	than	～より	比	So với
또	again, also	また	还	Nữa, lại
어깨	shoulder	肩	肩膀	Vai
목	neck	首	脖子	Cổ
오래	long	長い、久しい（時間）	很长时间	Lâu
그렇다	so, like that	そうだ	那样	Như vậy
요가	yoga	ヨガ	瑜伽	Môn Yoga
어렵다	difficult	むずかしい	难	Khó
덜	less	あまり～でない	不太	Ít hơn
이야기하다	to talk, to speak	話す	说、告诉	Nói chuyện
학원	private institute	学院、塾	教育机构、补习班	Học viện
소개하다	to introduce	紹介する	介绍	Giới thiệu
표	ticket	チケット	票	Vé, phiếu
예매하다	to reserve	前売りする、前売りを買う	预购、预　定	Mua trước
극장	theater	劇場、映画館	剧院、电影院	Rạp phim

memo

주제 05 음식

1~4 이 글의 내용과 같은 것을 고르십시오.

1.

한국 사람들은 날씨가 더운 여름에 뜨거운 삼계탕을 먹습니다. 삼계탕에는 작은 닭이 한 마리 들어있습니다. 그리고 인삼과 대추처럼 몸에 좋은 것들도 들어있습니다. 그래서 한국 사람들은 여름에 힘이 없을 때 삼계탕을 먹는 것 같습니다.

① 삼계탕은 맵지만 맛있습니다.
② 인삼과 대추는 몸에 좋습니다.
③ 삼계탕은 추울 때 먹는 음식입니다.
④ 삼계탕을 먹으면 병을 고칠 수 있습니다.

2.

저는 김치볶음밥을 좋아해서 자주 김치볶음밥을 만들어 먹습니다. 김치볶음밥은 만드는 방법이 아주 간단합니다. 김치를 썰어서 기름을 넣고 볶다가 밥을 넣어서 같이 볶기만 하면 됩니다. 고기나 햄을 넣으면 더 맛있는 김치볶음밥이 됩니다.

① 저는 요리사입니다.
② 김치볶음밥은 만들기 쉽습니다.
③ 밥을 볶은 후 김치를 넣어야 합니다.
④ 저는 날마다 김치볶음밥을 먹습니다.

1. 삼계탕 Samgyetang

해설 삼계탕에는 인삼과 대추처럼 몸에 좋은 것들이 들어있습니다. 그래서 정답은 ②입니다.

어휘 덥다 hot, warm 여름 summer 뜨겁다 hot 삼계탕 samgyetang (ginseng chicken soup) 닭 chicken 마리 a unit used to count animals (equivalent to 'one' in English) 들어있다 to contain, be in 인삼 ginseng 대추 jujube 힘이 없다 to be weak, lack energy 맵다 spicy 춥다 cold

2. 김치볶음밥 Kimchi Fried Rice

해설 김치볶음밥은 만드는 방법이 간단합니다. 그래서 만들기 쉽습니다. 그래서 정답은 ②입니다.

어휘 볶음밥 fried rice 간단하다 simple, easy 썰다 to slice 기름 oil 넣다 to put in, add 볶다 to fry 햄 ham

3.

국수는 많은 사람들이 좋아하는 음식입니다. 그래서 국수는 옛날부터 거의 모든 나라 사람들이 먹었습니다. 한국 사람들은 여름에는 국수를 차갑게 먹고 겨울에는 뜨겁게 해서 자주 먹습니다. 국물이 있는 것도 있고 국물이 없는 것도 있습니다.

① 국수를 먹는 나라가 많습니다.
② 국물이 없는 국수는 없습니다.
③ 국수를 안 먹는 사람은 없습니다.
④ 여름에는 뜨거운 국수를 먹습니다.

Part 2 주제편

4.

한국 사람들은 설날에 떡국을 먹습니다. 떡국은 하얀 떡을 넣고 끓인 국입니다. 떡국 한 그릇을 먹으면 나이 한 살을 더 먹는다고 합니다. 그래서 아이들에게 "떡국 몇 그릇 먹었어요?" 라고 물어보면 "몇 살이에요?"라고 묻는 것과 같습니다.

① 명절에는 떡국을 먹습니다.
② 떡국의 떡은 하얀색입니다.
③ 나이가 많으면 떡국을 많이 먹습니다.
④ 떡국은 아이들이 좋아하는 음식입니다.

3. 국수 Noodles

해설 국수는 거의 모든 나라 사람들이 먹었습니다. 국수를 먹는 나라가 많습니다. 그래서 정답은 ①입니다.

어휘 국수 noodles 겨울 winter 국물 broth, soup

4. 떡국 Rice Cake Soup

해설 떡국은 하얀 떡을 넣고 끓입니다. 떡국의 떡은 하얀색입니다. 그래서 정답은 ②입니다.

어휘 설날 Lunar New Year 떡국 rice cake soup 하얗다 white 떡 rice cake 끓이다 to boil 그릇 bowl 명절 holiday, festival

5~8 (　　㉠　　)에 들어갈 알맞은 말을 고르십시오.

5.

우리 나라에서는 김을 먹지 않습니다. (　　㉠　　) 저는 한국에 와서 김을 처음 봤습니다. 김은 색깔도 검은색이고 먹어봤을 때 바다 냄새가 나서 별로 좋아하지 않습니다. 그런데 며칠 전 친구가 만든 김밥을 먹어봤는데 바다 냄새도 나지 않고 아주 맛있었습니다. 김은 몸에 좋고 특히 눈에 좋다고 하니까 자주 먹어야겠습니다.

① 그리고
② 그래도
③ 그래서
④ 그렇지만

6.

제가 가장 좋아하는 한국 음식은 삼겹살입니다. 저는 예전에 (　　㉠　　) 쇠고기를 좋아했습니다. 그런데 삼겹살을 먹어 본 후에 생각이 달라졌습니다. 삼겹살을 구워서 채소와 함께 싸서 먹으면 너무 맛있어서 행복합니다. 저는 이제 삼겹살이 없으면 못 살 것 같습니다.

① 돼지고기처럼
② 돼지고기하고
③ 돼지고기보다
④ 돼지고기같이

5. 김 Seaweed

해설 우리 나라에서는 김을 먹지 않습니다. 그래서 저는 김을 한국에 와서 처음 봤습니다. 정답은 ③입니다.

어휘 김 seaweed　색깔 color　검은색 black　바다 sea　며칠 전 a few days ago　김밥 gimbap (Korean rice roll)

6. 삼겹살 Samgyeopsal(Pokebelly)

해설 예전에 돼지고기와 쇠고기를 비교했을 때 쇠고기를 좋아했습니다. 비교할 때는 '보다'를 사용합니다. 그래서 정답은 ③입니다.

어휘 가장 most, the best　삼겹살 pork belly　쇠고기 beef　달라지다 to change　굽다 to grill　채소 vegetables　싸다 to wrap　돼지고기 pork

7.

한국 사람들은 생일 아침에 미역국을 먹습니다. 그래서 한국 사람들은 생일인 사람에게 '미역국 먹었어요?'라고 물어봅니다. 그런데 생일과 시험이 같은 날이면 미역국을 (㉠). 미역이 미끄러워서 미역국을 먹으면 시험에 떨어진다고 생각하기 때문입니다.

① 먹지 않습니다
② 먹어야 합니다
③ 만들어 먹습니다
④ 먹고 싶어 합니다

8.

비빔밥은 외국인이 가장 좋아하는 한국 음식입니다. 비빔밥은 여러 가지 색깔의 채소와 고기를 밥 위에 올린 후 비벼 먹는 음식입니다. 고추장이나 간장을 먹고 싶은 만큼 넣어서 비비기 때문에 매운 음식을 못 먹는 사람도 먹을 수 있습니다. (㉠) 사람은 채소만 넣고 비벼 먹으면 됩니다. 비빔밥은 건강에 좋고 맛도 좋아서 외국인과 한국인 모두 좋아합니다.

① 고기를 안 먹는
② 고기를 좋아하는
③ 비빔밥을 안 먹는
④ 비빔밥을 좋아하는

7. 미역국 Seaweed Soup

해설 미역국을 먹으면 시험에 떨어진다고 생각합니다. 그래서 생일이지만 미역국을 먹지 않습니다. 정답은 ①입니다.

어휘 아침 morning 미역국 seaweed soup 미끄럽다 slippery 떨어지다 to fall

8. 비빔밥 Bibimbap(Korean Mixed Rice)

해설 고기를 안 먹는 사람은 채소만 넣고 비벼 먹으면 됩니다. 그래서 정답은 ①입니다.

어휘 비빔밥 bibimbap (Korean mixed rice) 여러 가지 various 위 on top 올리다 to put on, add 비비다 to mix 고추장 red pepper paste

9~10 다음을 읽고 중심 내용을 고르십시오.

9.

저는 추운 겨울을 좋아합니다. 맛있는 군고구마를 먹을 수 있기 때문입니다. 군고구마는 고구마를 불에 구운 것입니다. 따뜻한 고구마를 호호 불면서 먹으면 정말 꿀맛입니다. 빨리 추운 겨울이 왔으면 좋겠습니다.

① 군고구마는 꿀과 함께 먹으면 좋습니다.
② 군고구마는 겨울에만 먹을 수 있는 음식입니다.
③ 군고구마를 먹을 수 있어서 겨울을 좋아합니다.
④ 군고구마는 뜨거우니까 먹을 때 조심해야 합니다.

10.

떡은 한국 사람들이 좋아하는 전통음식입니다. 떡은 주로 쌀을 이용해서 만들고 다른 곡식으로 만든 것도 있습니다. 한국 사람들은 떡을 좋아해서 떡의 종류가 아주 많습니다. 명절이나 생일처럼 특별한 날에는 꼭 떡을 먹었습니다. 요즘에는 떡볶이, 떡라면, 떡꼬치 등 떡을 다양한 방법으로 요리하기도 합니다.

① 떡은 한국의 전통음식입니다.
② 떡은 특별한 날에만 먹는 음식입니다.
③ 떡으로 만들 수 있는 음식이 많습니다.
④ 떡은 한국 사람들이 좋아하는 음식입니다.

9. 군고구마 Roasted Sweet Potatoes

해설 추운 겨울을 좋아하는 이유는 군고구마는 겨울에 먹을 수 있기 때문입니다. 그래서 정답은 ③입니다.

어휘 춥다 cold 군고구마 roasted sweet potato 호호 blowing sound 불다 to blow 꿀맛 sweet like honey 꿀 honey

10. 떡 Rice Cake

해설 한국 사람들은 떡을 좋아해서 종류가 많습니다. 그래서 정답은 ④입니다.

어휘 주로 mainly 쌀 rice 이용하다 to use 곡식 grain 종류 kind, type 떡볶이 tteokbokki (stir-fried rice cakes) 떡라면 rice cake ramen 떡꼬치 rice cake skewers 다양하다 various

11. 다음 문장이 들어갈 곳을 고르십시오.

레몬은 신맛이 나는 노란 과일입니다. (㉠) 레몬은 차가운 음료수나 따뜻한 차로 만들어서 먹기도 하고 요리할 때 사용하기도 합니다. (㉡) 음식 냄새가 나는 반찬통을 레몬으로 닦으면 음식 냄새가 안 납니다. (㉢) 그리고 레몬을 빨래에 사용하면 색깔이 변한 하얀색 옷을 다시 하얗게 만들 수 있습니다. (㉣)

레몬은 과일이지만 먹지 않고 생활에 사용할 수도 있습니다.

① ㉠ ② ㉡ ③ ㉢ ④ ㉣

12. 다음을 순서대로 맞게 나열한 것을 고르십시오.

(가) 떡볶이를 만드는 방법은 아주 쉽습니다.
(나) 물이 끓으면 야채와 어묵을 넣고 조금 더 끓입니다.
(다) 마지막으로 떡볶이 떡을 넣고 끓이면 됩니다.
(라) 먼저 물에 고추장, 간장, 설탕, 마늘을 넣고 끓입니다.

① (가)－(나)－(다)－(라) ② (가)－(라)－(나)－(다)
③ (나)－(다)－(가)－(라) ④ (나)－(라)－(다)－(가)

11. 레몬 Lemon

해설 ㉡의 뒤에는 먹지 않고 생활에서 사용하는 방법입니다. 그래서 정답은 ②입니다.

어휘 레몬 lemon 신맛 sour taste 노랗다 yellow 과일 fruit 음료수 beverage 차 tea 사용하다 to use 반찬통 dish container 닦다 to clean, wipe 빨래 laundry

12. 떡볶이 Tteokbokki

해설 떡볶이를 끓이는 방법과 순서입니다. (라) 먼저 재료를 끓이고 (나) 더 끓이고 (다) 마지막 순서입니다. 그래서 정답은 ② 입니다.

어휘 끓다 to boil 야채 vegetables 어묵 fish cake 마지막 last 설탕 sugar 마늘 garlic

주제 05 음식

단어	영어	일본어	중국어	베트남어
덥다	hot, warm	暑い	热	Nóng
여름	summer	夏	夏天	Mùa hè
뜨겁다	hot	熱い	烫、滚烫	Nóng
삼계탕	samgyetang(ginseng chicken soup)	サムゲタン	参鸡汤	Gà hầm sâm
닭	chicken	鶏	鸡	Con gà
마리	a unit used to count animals (equivalent to 'one' in English)	～匹、～羽	只	Con (đơn vị đếm động vật)
들어있다	to contain, be in	入っている	有、富含	Có, bao gồm
인삼	ginseng	高麗人参	人参	Nhân sâm
대추	jujube	なつめ	大枣	Quả táo tàu
힘이 없다	to be weak, lack energy	元気がない、衰弱した	没有力气、乏力	Không có sức
맵다	spicy	辛い(からい)	辣	Cay
춥다	cold	寒い	冷	Lạnh
볶음밥	fried rice	チャーハン	炒饭	Cơm chiên
간단하다	simple, easy	簡単だ	简单	Đơn giản
썰다	to slice	（包丁で）切る	切	Thái lát
기름	oil	油、脂	油	Dầu
넣다	to put in, add	入れる	放	Cho vào
볶다	to fry	炒める	炒	Chiên
햄	ham	ハム	火腿	Thịt nguội
국수	noodles	うどん、そば	面条	Mì sợi
겨울	winter	冬	冬天	Mùa đông
국물	broth, soup	スープ	汤	Nước canh
설날	Lunar New Year	正月、元日	春节	Tết Nguyên Đán
떡국	rice cake soup	トック（雑煮）	年糕汤	Canh tteok
하얗다	white	白い	白、白色的	Trắng
떡	rice cake	餅	年糕、打糕	Canh tteok
끓이다	to boil	煮る、沸かす	煮、烧开	Nấu sôi
그릇	bowl	器	碗	Tô, chén
명절	holiday, festival	名節、伝統祭日	节日	Ngày lễ tết
김	seaweed	のり	紫菜	Rong biển khô
색깔	color	色	颜色	Màu sắc
검은색	black	黒色	黑色	Màu đen
바다	sea	海	大海	Biển

단어	영어	일본어	중국어	베트남어
며칠 전	a few days ago	数日前	几天前	Vài ngày trước
김밥	gimbap (Korean rice roll)	のり巻き	紫菜包饭	Cơm cuộn Hàn Quốc
가장	most, the best	もっとも、いちばん	最	Nhất
삼겹살	pork belly	サムギョプサル	五花肉	Thịt ba chỉ
쇠고기	beef	牛肉	牛肉	Thịt bò
달라지다	to change	変わる	变、改变	Đổi khác
굽다	to grill	焼く	烤	Nướng
채소	vegetables	野菜	蔬菜	Rau củ quả
싸다(쌈을)	to wrap	包む	包	Gói
돼지고기	pork	豚肉	猪肉	Thịt heo giòn chiên sốt chua ngọt
아침	morning	朝	早上	Buổi sáng
미역국	seaweed soup	わかめスープ	海带汤	Canh rong biển
미끄럽다	slippery	滑る、つるつるする	滑	Trơn trượt
떨어지다	to fall	落ちる	落榜	Rơi rớt
비빔밥	bibimbap (Korean mixed rice)	ピビンパ	拌饭	Cơm trộn Hàn Quốc
여러 가지	various	いろいろ	各种各样	Đa dạng chủng loại
위	on top	上	上面	Trên, bên trên
올리다	to put on, add	上げる	放、搁	Treo lên
비비다	to mix	混ぜる	拌	Trộn
고추장	red pepper paste	トウガラシ味噌、コチュジャン	辣椒酱	Tương ớt
춥다	cold	寒い	冷	Lạnh
군고구마	roasted sweet potato	焼き芋	烤地瓜、烤红薯	Khoai lang nướng
호호(의태어)	blowing sound	フーフー	呼呼	(Thổi) phù phù
불다	to blow	吹く	吹(风)	Thổi
꿀맛	sweet like honey	蜜の味、絶品	蜂蜜味	Ngọt như mật
꿀	honey	はちみつ	蜂蜜	Mật ong
주로	mainly	主に	为主、主要	Chủ yếu
쌀	rice	米	大米	Gạo
이용하다	to use	利用する	用	Sử dụng
곡식	grain	穀物	谷物	Ngũ cốc
종류	kind, type	種類	种类	Loại
떡볶이	tteokbokki (stir-fried rice cakes)	トッポッキ	辣炒年糕	Bánh gạo cay Hàn Quốc
떡라면	rice cake ramen	餅入りラーメン	年糕拉面	Mì tteok

주제 05 음식

단어	영어	일본어	중국어	베트남어
떡꼬치	rice cake skewers	餅串	年糕串	Bánh tteok xiên
다양하다	various	多様だ、様々だ	多种多样	Đa dạng
레몬	lemon	レモン	柠檬	Quả chanh
신맛	sour taste	酸っぱい味、酸味	酸味	Vị chua
노랗다	yellow	黄色い	黄、黄色的	Màu vàng
과일	fruit	くだもの	水果	Trái cây
음료수	beverage	飲み物	饮料	Nước giải khát
차(마시다)	tea	（お）茶	茶	(Uống) trà
사용하다	to use	使用する	使用	Sử dụng
반찬통	dish container	おかず入れ（密閉容器）	菜盒	Hộp đựng thức ăn
닦다	to clean, wipe	磨く、拭く	擦、擦拭	Lau
빨래	laundry	洗濯、洗濯物	洗衣服	Đồ giặt
끓다	to boil	ゆでる、わかす	煮开	Sôi lên
야채	vegetables	野菜	蔬菜	Rau củ
어묵	fish cake	練り物	鱼糕、鱼饼	Chả cá
마지막	last	最後（の）	最后	Cuối cùng
설탕	sugar	砂糖	糖	Đường
마늘	garlic	ニンニク	大蒜	Tỏi

memo

주제 06 장소

1~4 이 글의 내용과 같은 것을 고르십시오.

1.

통장을 만들려면 은행에 가야 합니다. 은행에 가면 번호표 뽑는 곳이 있습니다. 번호표를 뽑고 기다렸다가 자기 번호가 나오면 창구에 갑니다. 창구에서 신청서를 쓰고 신분증과 필요한 서류를 내면 통장을 만들어 줍니다.

① 번호표는 창구에서 뽑습니다.
② 신청서는 은행 직원이 써 줍니다.
③ 번호표에 자기 번호를 써야 합니다.
④ 통장을 만들려면 신분증이 필요합니다.

2.

우리 집 앞에는 중랑천이 있습니다. 중랑천은 물이 깨끗해서 물고기도 많이 삽니다. 중랑천 옆에는 산책로가 있습니다. 사람들은 아침, 저녁에 중랑천 옆에 있는 산책로에서 운동을 하거나 산책을 합니다. 강아지와 함께 산책하는 사람들도 많습니다.

① 중랑천에서 수영을 해도 됩니다.
② 중랑천하고 우리 집은 가깝습니다.
③ 중랑천에 강아지를 데리고 오면 안 됩니다.
④ 중랑천에서 물고기를 잡는 사람이 있습니다.

1. 은행 Bank

해설 신분증을 내고 신청서를 쓰면 통장을 만들어 줍니다. 그래서 통장을 만들려면 신분증이 있어야 합니다. 정답은 ④입니다.

어휘 통장 bankbook 은행 bank 번호표 number ticket 뽑다 to draw, take out 번호 number 창구 window, counter 신분증 ID card 내다 to hand over 신청서 application form 필요하다 to need

2. 중랑천 Jungnang Stream

해설 중랑천은 우리 집 앞에 있습니다. 중랑천과 우리 집은 가깝습니다. 그래서 정답은 ②입니다.

어휘 중랑천 Jungnang Stream (a location in Korea) 물고기 fish 옆 next to 산책로 walkway, promenade 강아지 puppy, dog 수영하다 to swim 잡다 to catch

3.

경복궁은 서울에 있는 궁입니다. 궁은 옛날 왕이 살았던 곳입니다. 저는 지난 주말에 가족들과 함께 경복궁에 갔습니다. 경복궁 근처에서 한복을 빌려 입었는데 한복을 입은 사람은 무료로 들어갈 수 있었습니다. 경복궁은 건물도 아름답고 꽃과 나무도 많았습니다. 한복을 입고 경복궁을 걸으니까 옛날 왕이 된 것 같았습니다.

① 경복궁에는 왕이 살고 있습니다.
② 경복궁에 가면 한복을 빌려줍니다.
③ 경복궁은 건물이 많아서 복잡합니다.
④ 경복궁에 들어갈 때 돈을 내지 않았습니다.

4.

오일장은 5일에 한 번씩 열리는 시장입니다. 시장이 열리는 날은 지역마다 다릅니다. 우리 동네 오일장은 매달 2일과 7일, 12일과 17일 22일과 27일에 열립니다. 오일장이 열리는 날에는 친구들과 함께 시장을 구경하러 갑니다. 꽃구경도 하고 옷 구경도 합니다. 구경하다가 배가 고프면 시장에서 파는 음식을 사 먹습니다. 시장 음식은 싸고 맛있어서 좋습니다.

① 친구는 오일장에서 음식을 팝니다.
② 오일장은 한 달에 다섯 번 열립니다.
③ 매월 5일은 오일장이 열리는 날입니다.
④ 오일장에서 꽃하고 옷을 살 수 있습니다.

3. 경복궁 Gyeongbokgung Palace

해설 한복을 입은 사람은 무료로 들어갈 수 있습니다. 그래서 ④가 정답입니다.

어휘 경복궁 Gyeongbokgung Palace 서울 Seoul 궁 palace 옛날 old times, the past 왕 king 한복 hanbok (Korean traditional dress) 빌리다 to rent 무료 free 건물 building 아름답다 beautiful 걷다 to walk

4. 오일장 5-day Market

해설 꽃과 옷은 시장에서 파는 물건입니다. 오일장에서 꽃과 옷을 살 수 있습니다. 그래서 정답은 ④입니다.

어휘 오일장 5-day market 열리다 to open 지역 region, area 동네 neighborhood 매달 every month 구경 sightseeing 배가 고프다 to be hungry

5~8 (　　㉠　　)에 들어갈 알맞은 말을 고르십시오.

5.

어제 축구를 하다가 넘어지면서 다리를 다쳤습니다. 병원에 갔는데 뼈에는 문제가 없다고 했습니다. (　　㉠　　) 저는 너무 아파서 걸을 수 없었습니다. 친구는 저에게 한의원에 가 보라고 했습니다. 한의원은 한국의 전통 치료 방법으로 치료해 주는 곳입니다. 내일은 한의원에 가 봐야겠습니다.

① 그런데
② 그리고
③ 그래서
④ 그러면

6.

저는 날씨가 덥고 심심할 때 도서관에 갑니다. 도서관에 가면 시원한 열람실에서 책을 읽을 수 있습니다. 열람실에서는 음식을 먹을 수 없지만 음식을 먹고 싶으면 매점이나 식당에 (　　㉠　　). 도서관에 있는 식당은 음식값이 싸고 맛도 좋아서 아주 좋습니다.

① 가면 됩니다
② 갈 줄 압니다
③ 가고 싶습니다
④ 갈 수 없습니다

5. 한의원 Traditional Korean Medicine Clinic

해설 '병원에서 문제가 없다고 했습니다'와 '저는 너무 아팠습니다'는 반대되는 내용입니다. 그래서 정답은 ①입니다.

어휘 넘어지다 to fall over 다리 leg 다치다 to get hurt 뼈 bone 한의원 traditional Korean medicine clinic 치료 treatment

6. 도서관 Library

해설 음식을 먹고 싶을 때 어떻게 해야 하는지 방법을 말하는 표현은 '–으면 되다'입니다. 그래서 정답은 ①입니다.

어휘 심심하다 to be bored 도서관 library 시원하다 cool, refreshing 열람실 reading room 읽다 to read 매점 snack bar

7.

한국에는 바비큐를 먹으면서 야구를 구경할 수 있는 야구장이 있습니다. 바비큐에 필요한 것들을 싸게 빌려주니까 따로 (㉠) 됩니다. 고기와 채소도 먹고 싶은 만큼 사서 먹을 수 있습니다. 치킨이나 피자를 먹으면서 야구를 구경하는 사람들도 많습니다. 맛있는 음식을 먹으면서 야구를 구경하면 야구가 더 재미있을 겁니다.

① 포장해 가야
② 만들어 놓아야
③ 빌리지 않아도
④ 준비하지 않아도

8.

한국의 피시방은 시설도 좋고 아주 편리합니다. 피시방에 있는 컴퓨터는 아주 빠르고 화면도 크니까 게임을 재미있게 할 수 있습니다. 게임을 하다가 배가 고프면 컴퓨터로 음식을 (㉠). 음료수와 과자처럼 간단한 음식도 있고 햄버거, 떡볶이, 라면, 볶음밥처럼 식사를 할 수 있는 음식도 있습니다. 그리고 2인석 3인석처럼 여러 사람이 함께 앉을 수 있는 자리도 있어서 친구와 함께 가면 더 좋습니다.

① 빌릴 수 있습니다
② 만들 수 있습니다
③ 주문할 수 있습니다
④ 요리할 수 있습니다

7. 야구장 Baseball Stadium

해설 필요한 것은 빌려줍니다. 그래서 준비할 것이 없습니다. ④가 정답입니다.

어휘 바비큐 barbecue 야구 baseball 야구장 baseball stadium 필요하다 to need 채소 vegetables 따로 separately 치킨 chicken

8. 피시방 PC bang (internet cafe)

해설 피시방에서 음식을 컴퓨터로 주문할 수 있습니다. 그래서 정답은 ③입니다.

어휘 피시방 PC bang (internet cafe) 시설 facility 편리하다 convenient 빠르다 fast 화면 screen 게임 game 과자 snacks 햄버거 hamburger 2인석 two-seater 주문하다 to order

9~10 다음을 읽고 중심 내용을 고르십시오.

9.

박물관에 가면 그 나라의 역사와 문화를 알 수 있습니다. 그래서 저는 다른 나라에 가면 꼭 박물관에 가 봅니다. 다음 주에는 서울에 있는 박물관에 갈 겁니다. 서울은 역사가 오래된 도시니까 아주 기대가 됩니다.

① 다른 나라에 가면 박물관에 가야 합니다.
② 박물관에 가면 역사와 문화를 알 수 있습니다.
③ 서울은 역사가 오래된 도시니까 박물관이 큽니다.
④ 서울의 역사를 알고 싶으면 박물관에 가는 것이 좋습니다.

10.

저는 어제 친구를 만나러 커피숍에 갔습니다. 저는 친구가 올 때까지 먼저 커피를 시키고 자리에 앉아 있었습니다. 그런데 옆자리에 앉아 있는 여자가 노트북과 가방을 자리에 놓고 밖으로 나갔습니다. 커피숍에는 사람이 많았지만 아무도 그 여자의 물건에 관심이 없었습니다. 우리 나라에서 이렇게 하면 물건이 없어집니다. 한국에는 좋은 사람이 많은 것 같습니다.

① 커피숍에 물건을 놓고 밖에 나가면 안 됩니다.
② 한국 사람들은 다른 사람에게 관심이 없습니다.
③ 커피숍에서 물건이 없어질 수 있으니까 조심해야 합니다.
④ 한국에는 좋은 사람이 많아서 물건이 잘 없어지지 않습니다.

9. 박물관 Museum

해설 박물관에 가면 그 나라의 역사와 문화를 알 수 있습니다. 그래서 정답은 ②입니다.

어휘 박물관 museum 역사 history 문화 culture 오래되다 to be old 도시 city 기대되다 to look forward to

10. 커피숍 Coffee Shop

해설 우리 나라에서 물건을 커피숍에 놓고 나가면 물건이 없어지는데 한국에서는 좋은 사람이 많아서 없어지지 않은 것 같습니다. 그래서 정답은 ④입니다.

어휘 커피숍 coffee shop 먼저 first 시키다 to order 노트북 laptop 가방 bag 놓다 to put 아무도 no one 물건 thing, item

11. 다음 문장이 들어갈 곳을 고르십시오.

우리 동네에 누워서 보는 영화관이 생겼습니다. (㉠) 영화관이 생기자마자 저는 친구와 함께 가 봤습니다. (㉡) 의자에 있는 버튼을 누르면 의자가 펴지면서 누울 수 있었습니다. (㉢) 누워서 영화를 보니까 정말 편했습니다. (㉣) 가격은 조금 비싸지만 저는 앞으로도 자주 이용할 것 같습니다.

영화관에는 보통 극장보다 조금 더 큰 의자가 있었습니다.

① ㉠ ② ㉡ ③ ㉢ ④ ㉣

Part 2 주제편

12. 다음을 순서대로 맞게 나열한 것을 고르십시오.

(가) 그런데 저는 시골을 좋아합니다.
(나) 보통 젊은 사람들은 도시를 좋아합니다.
(다) 시골에 살면 자연과 함께할 수 있기 때문입니다.
(라) 저는 앞으로도 계속 시골에 살 겁니다.

① (나)－(가)－(다)－(라) ② (나)－(가)－(라)－(다)
③ (다)－(나)－(가)－(라) ④ (다)－(라)－(나)－(가)

11. 영화관 Cinema

해설 ㉡ 뒤에서 의자에 대해 말하고 있습니다. 그래서 ㉡이 정답입니다. 그래서 정답은 ②입니다.

어휘 눕다 to lie down 영화관 cinema 생기다 to come into existence, appear 버튼 button 누르다 to press 펴지다 to stretch out, extend 가격 price 극장 theater

12. 시골 Countryside

해설 (나) – (가)는 나는 보통 젊은 사람과 다르게 시골을 좋아한다는 내용입니다. (다) – (라)는 (다)의 이유 때문에 앞으로도 시골에 살겠다는 내용입니다. 그래서 정답은 ①입니다.

어휘 시골 countryside 도시 city 젊다 young 자연 nature 함께하다 to be together, to do something together 앞으로 forward, in the future 계속 continue

주제 06 장소

단어	영어	일본어	중국어	베트남어
통장	bankbook	通帳	存折	Sổ ngân hàng
은행	bank	銀行	银行	Ngân hàng
번호표	number ticket	番号票	号码票	Phiếu số thứ tự
뽑다	to draw, take out	選ぶ、抜く	取	Bốc ra
번호	number	番号	号码	Số
창구	window, counter	窓口	窗口	Quầy giao dịch
신분증	ID card	身分証	身份证	Chứng minh thư,
내다	to hand over	出す	交、提交	Đưa cho
신청서	application form	申請書	申请书	Phiếu đăng kí
필요하다	to need	必要だ	需要	Cần thiết
중랑천	Jungnang Stream(a location in Korea)	中浪川	中浪川	Dòng suối Jungnang tại Hàn Quốc
물고기	fish	魚	鱼	Cá
옆	next to	横、となり	旁边	Kế bên
산책로	walkway, promenade	散策路	散步路、步行路	Đường đi dạo
강아지	puppy, dog	犬	小狗	Con cún
수영하다	to swim	泳ぐ	游泳	Bơi lội
잡다	to catch	つかむ	抓、捕	Nắm
경복궁	Gyeongbokgung Palace	景福宮	景福宫	Gyeongbok-gung
서울	Seoul	ソウル	首尔	Thành phố Seoul
궁	palace	宮殿	宫、宫殿	Cung điện
옛날	old times, the past	昔	以前	Ngày xưa
왕	king	王	王、帝王	Vua
한복	hanbok (Korean traditional dress)	韓服（韓国の伝統衣装）	韩服	Trang phục Hanbok
빌리다	to rent	借りる	借、租	Thuê
무료	free	無料	免费	Miễn phí
건물	building	建物	建筑	Tòa nhà
아름답다	beautiful	美しい	美丽	Đẹp
걷다	to walk	歩く	走、行走	Đi bộ
오일장	5-day market	5日市	五日集	Chợ phiên 5 ngày
열리다	to open	開かれる、開く	开、开放	Được mở ra
지역	region, area	地域	地区、地域	Khu vực
동네	neighborhood	町、町内	小区	Hàng xóm
매달	every month	毎月	每个月	Hàng tháng
구경	sightseeing	見物	看、参观	Tham quan

단어	영어	일본어	중국어	베트남어
배가 고프다	to be hungry	空腹だ	饿、肚子饿	Đói bụng
넘어지다	to fall over	転ぶ	摔倒	Té ngã
다리	leg	足、脚	腿	Chân
다치다	to get hurt	けがする、傷つく	受伤	Bị đau
뼈	bone	骨	骨头	Xương
한의원	traditional korean medicine clinic	漢方医院	韩医院	Viện y học cổ truyền Hàn Quốc
치료	treatment	治療	治疗	Chữa trị
심심하다	to be bored	退屈だ	无聊	Buồn chán
도서관	library	図書館	图书馆	Thư viện
시원하다	cool, refreshing	すずしい、さっぱりする	凉快	Mát mẻ
열람실	reading room	閲覧室	阅览室	Phòng đọc sách
읽다	to read	読む	看、阅读	Đọc
매점	snack bar	売り場	小卖店、小卖部	Quầy hàng
바비큐	barbecue	バーベキュー	烧烤、BBQ	Đồ nướng
야구	baseball	野球	棒球	Mon bóng chày
야구장	baseball stadium	野球場	棒球场	Sân đấu bóng chày
필요하다	to need	必要だ	需要	Cần thiết
채소	vegetables	野菜	蔬菜	Rau củ quả
따로	separately	別に	另外	Riêng lẽ
치킨	chicken	チキン	炸鸡	Gàn rán
피시방	PC bang (internet cafe)	ネットカフェ	网吧	Tiệm internet
시설	facility	施設	设施	Thiết bị
편리하다	convenient	便利だ	方便、便利	Tiện lợi
빠르다	fast	速い	快	Nhanh
화면	screen	画面	画面	Màn hình
게임	game	ゲーム	游戏	Trò chơi
과자	snacks	（お）菓子	点心、饼干	Đồ ăn vặt
햄버거	hamburger	ハンバーガー	汉堡包	Bánh mì hăm-bơ-gơ
2인석	two-seater	二人席	双人座	Ghế đôi
주문하다	to order	注文する	点、点餐	Đặt hàng
박물관	museum	博物館	博物馆	Viện bảo tàng
역사	history	歴史	历史	Lịch sử
문화	culture	文化	文化	Văn hóa
오래되다	to be old	古い	很久、悠久	Lâu năm
도시	city	都市	城市	Thành phố

주제 06 장소

단어	영어	일본어	중국어	베트남어
기대되다	to look forward to	期待できる,楽しみだ	期待	Mong đợi
커피숍	coffee shop	コーヒーショップ	咖啡厅、咖啡店	Quán cà phê
먼저	first	まず、先に	先	Trước tiên
시키다	to order	させる、たのむ	点~、点单	Yêu cầu
노트북	laptop	ノートパソコン	笔记本电脑	Máy tính xách tay
가방	bag	かばん	包	Túi xách
놓다	to put	置く	放	Đặt, để
아무도	no one	誰も	谁、任何人	Không ai
물건	thing, item	もの、品物	东西、物品	Đồ vật
눕다	to lie down	横になる	躺	Nằm xuống
영화관	cinema	映画館	电影院	Rạp chiếu phim
생기다	to come into existence, appear	できる、生じる	有、出现	Xuất hiện
버튼	button	ボタン	按钮	Cái nút
누르다	to press	押す	按	Nhấn
펴지다	to stretch out, extend	開かれる、伸びる	展开	Duỗi ra
가격	price	価格、ねだん	价格	Giá cả
극장	theater	劇場、映画館	剧场、电影院	Rạp phim, nhà hát
시골	countryside	いなか	乡下、农村	Nông thôn
도시	city	都市	城市	Thành phố
젊다	young	若い	年轻	Trẻ tuổi
자연	nature	自然	自然	Tự nhiên
함께하다	to be together, to do something together	ともにする	一起	Cùng nhau
앞으로	forward, in the future	これから、今後	将来、以后	Sau này
계속	continue	ずっと、継続	一直、继续	Liên tục

memo

생활용품

1~4 이 글의 내용과 같은 것을 고르십시오.

1.

지난주 수요일은 친구의 생일이었습니다. 그 친구는 다른 사람들보다 땀도 많고 항상 덥다고 합니다. 그래서 저는 작은 선풍기를 친구에게 선물로 주었습니다. 선풍기가 가볍고 시원해서 친구가 아주 좋아했습니다. 친구가 좋아하니까 저도 기분이 좋았습니다.

① 친구는 더운 날씨를 좋아합니다.
② 친구는 생일에 땀이 많이 났습니다.
③ 친구는 저에게 선풍기를 주었습니다.
④ 친구는 선풍기를 받고 좋아했습니다.

2.

동전에는 여러 가지 그림들이 있습니다. 사람, 동물, 식물, 건물 등 다양한 그림들이 있습니다. 한국의 동전은 500원, 100원, 50원, 10원, 5원, 1원이 있습니다. 500원에는 새, 100원에는 사람, 50원에는 쌀, 10원에는 건물이 있습니다. 5원에는 배가 있고 1원에는 꽃이 있지만 5원과 1원짜리 동전은 한국에서 잘 쓰지 않습니다.

① 사람들은 동전에 그림을 그립니다.
② 한국에는 다섯 종류의 동전이 있습니다.
③ 한국의 모든 동전에는 그림이 있습니다.
④ 동전의 그림은 사람들이 좋아하는 그림입니다.

1. 선풍기 Electric Fan

해설 저는 친구에게 선풍기를 선물로 주었고 친구는 아주 좋아했습니다. 그래서 정답은 ④입니다.

어휘 수요일 Wednesday 땀 sweat 선풍기 electric fan 가볍다 light 시원하다 cool, refreshing

2. 동전 Coin

해설 한국의 동전은 6 종류가 있고 각 동전에 어떤 그림이 있는지 말하고 있습니다. 그래서 정답은 ③입니다.

어휘 동전 coin 여러 가지 various 동물 animal 식물 plant 건물 building 새 bird 쌀 rice 배(타다) ship, ride 종류 type

3.

저는 스마트폰 보는 것을 좋아합니다. 심심할 때 스마트폰이 있으면 음악도 들을 수 있고 게임도 할 수 있습니다. 텔레비전은 크고 무거워서 들고 다닐 수 없습니다. 그렇지만 스마트폰은 작고 가벼워서 언제 어디서나 뉴스도 보고 영화나 드라마도 볼 수 있습니다.

① 스마트폰이 커서 게임할 때 좋습니다.
② 스마트폰으로 뉴스를 볼 수 있습니다.
③ 스마트폰이 작으면 영화 보는 것이 불편합니다.
④ 스마트폰은 무거워서 가지고 다닐 수 없습니다.

4.

오늘 집을 정리하다가 어릴 때 쓴 일기장을 찾았습니다. 글씨도 못 쓰고 그림도 잘 못 그렸지만 일기장을 찾아서 아주 기뻤습니다. 일기장에는 어릴 때 제가 무엇을 했는지 무슨 생각을 했는지 다 있었습니다. 일기장을 읽으니까 옛날 일도 생각이 났습니다. 어른이 된 후로 일기를 안 썼는데 다시 일기를 써야겠습니다.

① 일기장을 옷장 안에서 찾았습니다.
② 어릴 때 일기 쓰는 것을 싫어했습니다.
③ 나이가 어릴 때는 일기를 쓰는 것이 좋습니다.
④ 지금은 안 쓰지만 어릴 때는 일기를 썼습니다.

3. 스마트폰 Smartphone

해설 스마트폰으로 뉴스도 보고 영화나 드라마도 볼 수 있습니다. 그래서 정답은 ②입니다.

어휘 스마트폰 smartphone 심심하다 bored 무겁다 heavy 들고 다니다 carry around 가볍다 light 뉴스 news 드라마 drama 불편하다 uncomfortable

4. 일기장 Diary

해설 어릴 때는 일기를 썼지만 어른이 된 후로 일기를 안 썼습니다. 그래서 정답은 ④입니다.

어휘 정리 arrange, clean up 어리다 young 일기장 diary 찾다 find 글씨 handwriting 기쁘다 glad 옛날 old times 생각이 나다 remember 어른 adult 옷장 wardrobe 안 inside

5~8 (　　㉠　　)에 들어갈 알맞은 말을 고르십시오.

5.

저는 작년에 중고시장에서 노트북을 샀습니다. 그런데 얼마 전부터 노트북이 느려졌습니다. 갑자기 노트북이 멈추거나 꺼지기도 합니다. 고장이 난 것 같습니다. 수리를 (　　㉠　　) 수리비가 많이 나올 것 같아서 걱정입니다.

① 맡길까 봐
② 맡기기 전에
③ 맡기기 위해서
④ 맡겨야 하는데

6.

어제 대학로에서 기타를 잘 치는 사람을 봤습니다. 사람들은 길을 가다가 서서 그 사람의 기타 소리를 들었습니다. 기타 연주가 끝난 후 모두 박수를 쳤습니다. 그 사람은 얼굴이 잘생긴 것은 아니지만 아주 (　　㉠　　). 갑자기 저도 기타를 배우고 싶었습니다. 그래서 악기를 파는 가게에 가서 기타를 사고 기타 책도 샀습니다. 빨리 그 사람처럼 기타를 잘 쳤으면 좋겠습니다.

① 친절해 보였습니다
② 멋있어 보였습니다
③ 힘들어 보였습니다
④ 재미있어 보였습니다

5. 노트북 Laptop

해설 노트북이 고장 나서 수리를 맡겨야 합니다. 그래서 정답은 ④입니다.

어휘 중고시장 second-hand market 노트북 laptop 얼마 전 a while ago 갑자기 suddenly 느려지다 slow down 멈추다 stop 꺼지다 turn off 고장이 나다 break down 수리를 맡기다 entrust with repair 수리비 repair cost 걱정 worry

6. 기타 Guitar

해설 기타를 잘 쳐서 사람들에게 박수를 받는 사람을 봤습니다. 그런 사람은 멋있어 보입니다. 그래서 정답은 ②입니다.

어휘 대학로 university street/road 치다 play, hit 길 road 서다 stand 소리 sound 연주 play music 박수를 치다 applaud 잘생기다 handsome 악기 musical instrument 친절하다 kind

7.

우리 나라에서는 포크를 사용해서 음식을 먹는데 한국 사람들은 음식을 먹을 때 젓가락을 사용합니다. 그리고 한국 식당에 가면 숟가락과 젓가락만 있습니다. (㉠) 저는 젓가락 사용하는 방법을 배우고 있습니다. 처음에는 젓가락도 자꾸 손에서 떨어지고 음식을 잘 잡지 못했지만 이제는 김치처럼 큰 음식은 잡을 수 있습니다.

① 그러나
② 그래서
③ 그런데
④ 그렇지만

8.

아침에 일어났는데 목이 너무 아팠습니다. 머리를 조금만 움직여도 목이 아파서 움직일 수 없었습니다. 저는 바로 병원에 갔습니다. 의사 선생님은 (㉠) 목 건강에 나쁘다고 말했습니다. 그리고 컴퓨터도 너무 오래 보면 안 된다고 했습니다. 목 건강을 위해서 낮은 베개로 바꿔야겠습니다. 그리고 컴퓨터를 본 후에는 목 운동을 해야겠습니다.

① 높은 베개는
② 낮은 베개는
③ 가벼운 베개는
④ 부드러운 베개는

7. 젓가락 Chopsticks

해설 젓가락을 사용할 줄 모르는데 한국 식당에는 젓가락과 숟가락만 있습니다. 그래서 젓가락 사용 방법을 배우고 있습니다. ②가 정답입니다.

어휘 포크 fork 사용하다 use 젓가락 chopsticks 숟가락 spoon 자꾸 repeatedly 손 hand 떨어지다 fall 잡다 catch

8. 베개 Pillow

해설 높은 베개는 목 건강에 나쁘기 때문에 낮은 베개로 바꾸려고 합니다. 그래서 정답은 ①입니다.

어휘 머리 head 움직이다 move 바로 straight 높다 high 베개 pillow 나쁘다 bad 낮다 low 바꾸다 change

9~10 다음을 읽고 중심 내용을 고르십시오.

9.

지난 주말에 친구들과 함께 도자기 만드는 곳으로 문화체험을 갔습니다. 우리는 거기에서 컵을 만들었습니다. 그리고 컵에 그림을 그렸습니다. 친구는 별도 그리고 비행기도 그렸습니다. 나무나 꽃을 그린 친구도 있었습니다. 저는 지금 한국어를 배우고 있으니까 한글의 자음과 모음을 예쁘게 썼습니다. 다음 주에 제가 만든 컵이 택배로 올 겁니다. 컵이 빨리 왔으면 좋겠습니다.

① 제가 만든 컵을 빨리 받고 싶습니다.
② 도자기를 만드는 것은 어렵지 않습니다.
③ 문화체험을 친구와 함께 해서 즐거웠습니다.
④ 저도 친구처럼 그림을 잘 그렸으면 좋겠습니다.

10.

운동을 하고 싶은데 시간이 없으면 실내 자전거를 타 보세요. 실내 자전거는 집 안에서 타니까 운동하러 나갔다가 다시 집에 돌아오는 시간을 아낄 수 있습니다. 비가 오거나 눈이 오는 날, 바람이 심하게 부는 날에도 탈 수 있습니다. 그리고 텔레비전을 보거나 음악을 들으면서 탈 수 있기 때문에 심심하지도 않습니다.

① 날씨가 좋지 않을 때는 실내 자전거를 타야 합니다.
② 텔레비전을 보면서 실내 자전거를 타면 위험합니다.
③ 실내 자전거는 집 안에서 타니까 좋은 점이 많습니다.
④ 시간이 없을 때 실내 자전거를 타면 빨리 도착합니다.

9. 컵 Cup

해설 지난 주말에 컵을 만들었는데 그 컵이 빨리 왔으면 좋겠습니다. 그래서 정답은 ①입니다.

어휘 도자기 pottery 문화체험 cultural experience 컵 cup 별 star 자음 consonant 모음 vowel 택배 delivery

10. 실내 자전거 Indoor Bicycle

해설 시간을 아낄 수 있고, 날씨가 안 좋은 날에도 탈 수 있고, 심심하지도 않은 것은 실내 자전거의 좋은 점입니다. 그래서 정답은 ③입니다.

어휘 실내 자전거 indoor bicycle 타다 ride 돌아오다 return 시간을 아끼다 save time 눈(내리다) snow (fall) 바람 wind 심하다 severe 불다 blow 심심하다 boring

11. 다음 문장이 들어갈 곳을 고르십시오.

지난 주말에 인터넷으로 주문한 구두가 오늘 왔습니다. (㉠) 구두는 아주 예뻤습니다. (㉡) 그런데 신어 보니까 조금 작았습니다. (㉢) 발이 아파서 걸을 수 없었습니다. (㉣) 바꿀 수 없을까 봐 걱정했는데 큰 구두로 다시 보내 준다고 했습니다. 같은 구두를 여러 색깔로 더 주문해야겠습니다.

구두를 큰 것으로 바꾸고 싶어서 구두를 판 회사에 전화를 했습니다.

① ㉠　② ㉡　③ ㉢　④ ㉣

Part 2 주제편

12. 다음을 순서대로 맞게 나열한 것을 고르십시오.

(가) 아파서 머리를 기를 수 없는 아이들이 있습니다.
(나) 저는 그 아이들을 위해서 3년 동안 머리를 자르지 않았습니다.
(다) 그런데 오늘은 머리를 잘랐습니다.
(라) 자른 머리로 가발을 만들어서 그 아이들에게 줄 겁니다.

① (가)-(나)-(다)-(라)　② (가)-(라)-(나)-(다)
③ (다)-(나)-(가)-(라)　④ (다)-(라)-(나)-(다)

11. 구두 Shoes

해설 구두가 작아서 발이 아픕니다. 그래서 구두를 판 회사에 전화를 했습니다. 정답은 ④입니다.

어휘 주문하다 order 구두 shoes 발 foot 바꾸다 change 걱정하다 worry 다시 again 보내다 send 여러 색깔 various colors

12. 가발 Wig

해설 아픈 아이를 위해 3년 동안 머리를 길렀습니다. 그리고 오늘 머리를 잘라서 그 아이들에게 줄 겁니다. 그래서 정답은 ①입니다.

어휘 머리(카락) hair 기르다 grow 동안 while 자르다 cut 가발 wig

주제 07 생활용품

단어	영어	일본어	중국어	베트남어
수요일	Wednesday	水曜日	星期三	Thứ tư
땀	sweat	汗	汗	Mồ hôi
선풍기	electric fan	扇風機	电风扇	Quạt máy
가볍다	light	軽い	轻便	Nhẹ
시원하다	cool, refreshing	涼しい、さっぱりした	凉快	Mát mẻ
동전	coin	コイン、硬貨	硬币	Tiền xu
여러 가지	various	いろいろ	各种各样	Nhiều loại
동물	animal	動物	动物	Động vật
식물	plant	植物	植物	Thực vật
건물	building	建物	建筑	Tòa nhà
새	bird	鳥	鸟	Con chim
쌀	rice	米	大米、稻米	Gạo
배(타다)	ship, ride	船（乗る）	船	(Lên) Thuyền
종류	type	種類	种类	Loại
스마트폰	smartphone	スマートフォン	智能手机	Điện thoại thông minh
심심하다	bored	退屈だ	无聊	Buồn chán
무겁다	heavy	重い	重	Nặng
들고 다니다	carry around	持ち歩く	随身携带	Mang theo bên mình
가볍다	light	軽い	轻便	Nhẹ
뉴스	news	ニュース	新闻、报道	Tin tức
드라마	drama	ドラマ	电视剧	Phim truyền hình
불편하다	uncomfortable	不便だ	不方便	Bất tiện
정리	arrange, clean up	整理	整理	Sắp xếp
어리다	young	幼い、若い	小、年幼	Trẻ tuổi
일기장	diary	日記	日记本	Sổ nhật ký
찾다	find	探す、見つかる	找	Tìm kiếm
글씨	handwriting	文字	字	Chữ viết
기쁘다	glad	うれしい	高兴	Vui vẻ
옛날	old times	昔	以前	Ngày xưa
생각이 나다	remember	思い出す	想起、记起	Nhớ đến
어른	adult	大人	大人、成人	Người trưởng thành
옷장	wardrobe	クローゼット	衣柜	Tủ quần áo
안	inside	中、内	里面	Bên trong
중고시장	second-hand market	中古品マーケット	二手市场	Chợ đồ cũ
노트북	laptop	ノートパソコン	笔记本电脑	Máy tính xách tay
얼마 전	a while ago	少し前	不久前	Cách đây không lâu

단어	영어	일본어	중국어	베트남어
갑자기	suddenly	突然	突然	Bất chợt
느려지다	slowdown	遅くなる	变慢	Chậm lại
멈추다	stop	止まる	停止	Ngưng lại
꺼지다	turnoff	消える	关、停止运转	Tắt
고장이 나다	breakdown	故障する	发生故障、出问题	Bị hỏng
수리를 맡기다	entrust with repair	修理に出す	送去修理	Mang đi sửa
수리비	repair cost	修理費	修理费	Phí sửa chữa
걱정	worry	心配	担心	Lo lắng
대학로	university street/road	大学路（地名）	大学路	Con đường đại học
치다	play, hit	打つ	弹	Chơi
길	road	道	路	Con đường
서다	stand	立つ	站、站立	Đứng
소리	sound	音、声	声音	Âm thanh
연주	play music	演奏	演奏	Biểu diễn
박수를 치다	applaud	拍手する	鼓掌	Vỗ tay
잘생기다	handsome	ハンサムだ	好看	Ưa nhìn
악기	musical instrument	楽器	乐器	Nhạc cụ
친절하다	kind	親切だ	亲切	Tử tế
포크	fork	フォーク	叉子、餐叉	Cái nĩa
사용하다	use	使用する	使用	Sử dụng
젓가락	chopsticks	箸	筷子	Đôi đũa
숟가락	spoon	さじ、スプーン	勺子	Muỗng, thìa
자꾸	repeatedly	しょっちゅう、よく	总是	Cứ
손	hand	手	手	Bàn tay
떨어지다	fall	落ちる、離れる	掉落、滑落	Rơi rớt
잡다	catch	つかむ	抓	Nắm
머리	head	頭	头	Đầu
움직이다	move	動く	动、移动	Di chuyển
바로	straight	まっすぐ、そのまま	马上就	Ngay
높다	high	高い	高	Cao
베개	pillow	枕	枕头	Cái gối
나쁘다	bad	悪い	不好、坏	Tệ
낮다	low	低い	低	Thấp
바꾸다	change	取り替える	换	Thay đổi
도자기	pottery	陶磁器	陶瓷	Đồ gốm sứ
문화체험	cultural experience	文化体験	文化体验	Trải nghiệm văn hóa

주제 07 생활용품

단어	영어	일본어	중국어	베트남어
컵	cup	コップ、カップ	杯子	Cái ly
별	star	星	星星	Ngôi sao
자음	consonant	子音	辅音	Phụ âm
모음	vowel	母音	元音	Nguyên âm
택배	delivery	宅配	快递	Giao hàng tận nơi
실내 자전거	indoor bicycle	室内自転車、エアロバイク	室内自行车	Xe đạp trong nhà
타다	ride	乗る	骑	Lái
돌아오다	return	戻る	回来	Quay trở lại
시간을 아끼다	savetime	時間を大切にする	节省时间	Tiết kiệm thời gian
눈(내리다)	snow (fall)	雪（降る）	雪	Tuyết (rơi)
바람	wind	風	风	Gió, cơn gió
심하다	severe	ひどい	严重	Nghiêm trọng
불다	blow	吹く	刮（风）	Thổi
심심하다	boring	退屈だ	无聊	Buồn chán
주문하다	order	注文する	订购	Đặt hàng
구두	shoes	靴	皮鞋	Giày
발	foot	足	脚	Bàn chân
바꾸다	change	かえる	换	Thay đổi
걱정하다	worry	心配する	担心	Lo lắng
다시	again	再び	重新	Lặp lại
보내다	send	送る	发送、寄	Gởi
여러 색깔	various colors	多彩な色	各种颜色	Nhiều màu sắc
머리(카락)	hair	髪の毛	头发	(Sợi) Tóc
기르다	grow	伸ばす	留、蓄	Nuôi dưỡng
동안	while	間	期间、时间	Trong lúc
자르다	cut	切る	剪	Cắt
가발	wig	かつら	假发	Tóc giả

memo

주제 08 특별한 날

1~4 다음을 읽고 내용이 같은 것을 고르십시오.

1.

오늘은 여자친구를 만난 지 100일이 되는 날입니다. 저는 여자친구를 위해서 여러 가지를 준비했습니다. 먼저 인터넷으로 유명한 식당을 알아보고 예약했습니다. 여자친구에게 줄 선물도 사고 편지도 썼습니다. 제가 준비한 것이 여자친구의 마음에 들었으면 좋겠습니다.

① 저는 친구에게 식당을 소개 받았습니다.
② 여자친구는 저의 선물을 마음에 들어합니다.
③ 저는 백 일 전부터 여자친구를 사귀었습니다.
④ 여자친구는 저에게 줄 선물과 편지를 준비했습니다.

2.

내일은 저의 대학교 입학식입니다. 내일 입학식이 끝나면 저는 대학생이 됩니다. 대학생이 되면 하고 싶은 일이 많습니다. 전공 공부도 열심히 하고 아르바이트를 하면서 스스로 생활비를 벌고 싶습니다. 그리고 동아리에 들어가서 다양한 경험도 쌓고 선배와 친구도 많이 사귀고 싶습니다.

① 내일은 대학교에 들어가는 날입니다.
② 동아리에서 생활비를 벌 수 있습니다.
③ 대학생은 전공 공부가 가장 중요합니다.
④ 대학생은 아르바이트를 하면 안 됩니다.

1. 여자친구와의 100일 기념일 Celebrating the 100th day with my girlfriend

해설 여자친구를 만난 지 100일 되었습니다. 그래서 ③이 정답입니다.

어휘 여자친구 girlfriend 위하다 for, on behalf of 준비하다 prepare 먼저 first 인터넷 internet 알아보다 find out, look into 예약하다 reserve 편지 letter 쓰다 write 마음에 들다 like, be pleased 백 hundred 사귀다 date, go out with

2. 대학교 입학식 University Entrance Ceremony

해설 내일은 대학교 입학식입니다. 그래서 ①이 정답입니다.

어휘 입학식 entrance ceremony 대학생 university student 전공 major 아르바이트 part-time job 스스로 by oneself 생활비를 벌다 earn a living 동아리 club 다양하다 varied, diverse 경험을 쌓다 accumulate experience 선배 senior

3.

다음 주 토요일에 우리 기타 동아리의 연주회가 있습니다. 이번 연주회를 위해서 우리는 두 달 전부터 매일 세 시간 동안 기타 연습을 했습니다. 연습을 할수록 기타 연주 실력이 점점 좋아졌습니다. 빨리 다음 주 토요일이 돼서 우리의 기타 연주를 많은 사람들에게 보여 주고 싶습니다.

① 토요일마다 기타 동아리 연주회가 있습니다.
② 연주회를 준비하려고 두 달 동안 매일 연습했습니다.
③ 연습을 많이 해도 기타 연주가 좋아지지 않았습니다.
④ 하루에 세 시간 동안 기타 연습을 하는 것은 힘듭니다.

4.

오늘 부모님과 함께 봄꽃 축제에 다녀왔습니다. 축제 장소에는 여러 가지 봄꽃이 활짝 피어서 정말 아름다웠습니다. 거기에서는 맛있는 음식과 꽃으로 만든 차를 팔고 있었습니다. 우리는 예쁜 사진도 찍고 맛있는 음식도 먹었습니다. 축제를 구경하러 온 사람이 많아서 좀 복잡하기는 했지만 참 재미있는 축제였습니다.

① 부모님은 꽃을 아주 좋아하십니다.
② 봄꽃 축제는 정말 재미있었습니다.
③ 축제를 구경하는 사람이 좀 적었습니다.
④ 우리는 축제에서 꽃으로 차를 만들었습니다.

3. 기타 동아리 연주회 Guitar Club Concert

해설 연주회를 위해서 두 달 전부터 매일 연습했습니다. 그래서 ②가 정답입니다.

어휘 토요일 Saturday 기타 guitar 연주회 concert, recital 실력 ability, skill 점점 gradually 보여 주다 show

4. 봄꽃 축제 Spring Flower Festival

해설 봄꽃 축제가 참 재미있는 축제라고 했습니다. 그래서 ②가 정답입니다.

어휘 봄꽃 spring flower 축제 festival 다녀오다 visit and come back 장소 place 활짝 fully, widely 피다 bloom 차 tea 구경하다 sightsee 복잡하다 complicated, complex 적다 few, less

5~8 (㉠)에 들어갈 말로 가장 알맞은 것을 고르십시오.

5.

5월 8일은 어버이날입니다. 부모님께 감사의 마음을 전하는 날입니다. 이 날 부모님께 꽃을 (㉠) 그 꽃의 이름은 카네이션입니다. 예전에는 카네이션 한 송이를 옷에 달아 드리거나 카네이션 꽃바구니를 드렸습니다. 요즘에는 비누로 만든 카네이션을 드리기도 하고 오래 키울 수 있는 카네이션 화분을 드리기도 합니다.

① 드려서
② 드리려고
③ 드리지만
④ 드리는데

6.

매년 10월 9일 한글날에 우리 학교에서는 '한국어 말하기대회'를 합니다. 저는 올해 이 대회에 참가하기로 했습니다. 저의 한국어 실력이 어느 정도인지 알고 싶었기 때문입니다. 저는 한국어를 배운 지 1년이 넘었습니다. 한국어를 배우면서 한글의 장점을 알게 되었고 이것에 대해서 발표하려고 합니다. 대회에서 (㉠) 열심히 연습하고 있습니다.

① 한국어를 알리려면
② 한글의 장점을 배우려고
③ 좋은 결과를 얻기 위해서
④ 발표할 내용을 알고 싶어서

5. 어버이날 Parents' Day

해설 카네이션이라는 꽃의 이름을 말하는 내용 앞에 그 꽃을 드리는 것에 대해서 설명하고 있습니다. 그래서 ④가 정답입니다.

어휘 어버이날 Parents' day -께 to (honorific) 감사 gratitude 마음을 전하다 convey one's feelings 이름 name 카네이션 carnation 송이 a bunch (of flowers) 달다 attach, tie 바구니 basket 비누 soap 드리다 give (respectful) 키우다 raise, grow

6. 한글날 Hangeul Day

해설 열심히 연습하고 있는 목적을 찾아야 합니다. 그래서 ③이 정답입니다.

어휘 매년 every year 한글날 Hangeul Day (Korean Alphabet Day) 말하기대회 speaking contest 참가하다 participate 실력 skill 어느 정도 to some extent, a certain degree 넘다 exceed 장점 advantage 발표하다 present 알리다 announce 결과 result 얻다 obtain, get 내용 content

7.

오늘은 김치를 만드는 날입니다. 매년 12월이 되면 우리 회사에서는 김치를 만들어서 가난한 이웃들에게 가져다줍니다. 제가 회사에 10년 전에 들어왔으니까 이 일을 한 지도 벌써 10년이 넘었습니다. 하루 종일 김치를 만들고 이웃들을 찾아서 여기저기 배달하는 것은 힘든 일입니다. (　　㉠　　) 맛있게 먹을 이웃들을 생각하면 기분이 좋아져서 웃음이 납니다.

① 그래서
② 그리고
③ 그렇지만
④ 왜냐하면

8.

추석은 설날과 함께 한국에서 제일 중요한 명절입니다. 추석에는 여러 가지 행사를 합니다. 아침에는 조상들에게 (　　㉠　　) 차례를 지내고 성묘를 합니다. 강강술래, 씨름 같은 놀이를 하는 곳도 있습니다. 저녁에는 달을 보면서 소원을 빕니다. 그리고 추석 음식인 송편을 만들어서 먹습니다.

① 인사를 드리려면
② 소식을 전하기 때문에
③ 감사하는 마음을 가지고
④ 줄 음식을 만들기 위해서

7. 김치를 만드는 날 Making Kimchi Day

해설 ㉠의 앞에서는 김치를 만드는 것이 힘들다고 했고 뒤에서는 기분이 좋아져서 웃음이 난다고 했습니다. 두 문장이 김치를 만드는 것에 대한 서로 다른 내용이기 때문에 ③이 정답입니다.

어휘 가난하다 poor 이웃 neighbor 가져다주다 bring, deliver 벌써 already 하루 종일 all day 찾다 search 배달하다 deliver 힘들다 hard, difficult 웃음이 나다 smile, laugh

8. 추석 Chuseok

해설 차례를 지내고 성묘를 할 때 가져야 하는 마음에 대해 말하고 있습니다. 그래서 ③이 정답입니다.

어휘 추석 Chuseok (Korean thanksgiving holiday) 명절 holiday 행사 event 조상 ancestor 차례를 지내다 perform ancestral rites 성묘 visiting ancestral graves 강강술래 Korean traditional play 씨름 Korean wrestling 달 moon 소원을 빌다 make a wish 송편 songpyeon (Korean traditional rice cake) 인사 greeting

9~10 다음을 읽고 중심 내용을 고르십시오.

9.

오늘 월급날이어서 동생에게 저녁을 사 주고 영화도 보여줬습니다. 요즘 바빠서 동생의 얼굴을 볼 시간이 없었는데 같이 시간을 보내면서 이야기할 수 있어서 좋았습니다. 동생은 저녁 내내 웃으면서 많은 이야기를 했습니다. 아이처럼 좋아하는 동생을 보면서 이런 시간을 많이 가져야겠다고 생각했습니다.

① 동생과 자주 영화를 보는 것이 좋습니다.
② 월급날에는 동생에게 저녁을 사 줘야 합니다.
③ 동생의 웃는 얼굴을 보니 기분이 좋아졌습니다.
④ 동생과 같이 보내는 시간을 많이 가지기로 했습니다.

10.

3월 22일은 세계 물의 날입니다. 사람이 많아지고 기온이 높아지면서 물이 부족해지고 있습니다. 또 공장이나 집에서 더러운 물을 버리면서 물이 더러워지고 있습니다. 그래서 물의 날에는 이런 문제를 사람들에게 알리는 행사를 많이 합니다. 이런 행사를 많이 하는 것도 중요하지만 각각의 사람들이 평소에 물을 소중하게 생각하고 필요한 정도만 쓰는 습관을 기르는 것이 더욱 중요합니다.

① 물의 날에는 물을 쓰지 않는 것이 좋습니다.
② 공장이나 집에서 물을 쓰고 난 후에 버리면 안 됩니다.
③ 물의 소중함을 알리는 행사를 하는 것은 중요한 일이 아닙니다.
④ 우리 모두가 물을 소중하게 생각하고 아껴 쓰는 것이 아주 중요합니다.

9. 월급날 Payday

해설 월급을 받아서 동생과 같이 저녁 시간을 보냈는데 동생이 아주 좋아했습니다. 그래서 동생과 같이 하는 시간을 많이 가져야겠다고 생각했습니다. 그러므로 ④가 정답입니다.

어휘 월급날 payday 얼굴 face 시간을 보내다 spend time 내내 all the way, throughout 웃다 laugh 아이 child -처럼 like, as 가지다 have

10. 세계 물의 날 World Water Day

해설 세계 물의 날에 하는 일입니다. 물의 문제를 알리는 것도 중요하지만 더 중요한 것은 물을 아끼는 습관을 기르는 것이라고 했습니다. 그러므로 ④가 정답입니다.

어휘 기온 temperature 높아지다 rise, increase 부족하다 insufficient 공장 factory 버리다 throw away 알리다 notify, inform 각각 each 소중하다 precious 필요하다 need 습관을 기르다 form a habit 더욱 more 아끼다 save, treasure

11. 다음 문장이 들어갈 곳으로 가장 알맞은 것을 고르십시오.

오늘 기숙사에서 학교 근처 원룸으로 이사했습니다. 짐이 많지 않아서 혼자 하려고 했는데 반 친구들이 와서 도와줬습니다. (㉠) 반 친구들이 이삿짐도 들어 주고 정리하는 것도 도와줬습니다. (㉡) 친구들이 도와준 덕분에 생각보다 이사가 빨리 끝났습니다. (㉢) 그래서 저는 이사가 끝나고 자장면을 주문했습니다. (㉣) 친구들과 같이 먹은 자장면은 정말 맛있었습니다.

한국에서는 이사하는 날에 자장면을 시켜서 먹는다고 들었습니다.

① ㉠　　② ㉡　　③ ㉢　　④ ㉣

12. 다음을 순서에 맞게 배열한 것을 고르십시오.

(가) 그렇지만 이번 설날에 세뱃돈을 받으면 다른 일을 해 보고 싶습니다.
(나) 저는 지금까지 세뱃돈으로 평소에 사고 싶었던 물건을 샀습니다.
(다) 설날에 어른들께 세배를 드리면 세뱃돈을 받습니다.
(라) 그것은 저의 세뱃돈을 어려운 사람들을 도와주는 곳에 보내는 것입니다.

① (나)–(가)–(다)–(라)　　② (나)–(다)–(라)–(가)
③ (다)–(나)–(가)–(라)　　④ (다)–(라)–(나)–(가)

11. 이사하는 날 Moving day

해설 한국에서는 이사하는 날에 자장면을 시켜서 먹는다고 했으니까 뒤 문장에서는 자장면을 시킨다는 내용이 있어야 합니다. 그래서 ③이 정답입니다.

어휘 원룸 studio apartment 이사하다 move (house) 짐 luggage 혼자 alone 이삿짐 moving belongings 들다 lift, carry 정리하다 organize, arrange 도와주다 help 덕분 thanks to 끝나다 finish 주문하다 order 시키다 order, command

12. 설날 Lunar New Year

해설 지금까지는 설날에 받은 세뱃돈으로 사고 싶은 물건을 샀습니다. 이번에는 다른 일을 하고 싶습니다. 그것은 어려운 사람들을 도와주는 것입니다. 그러므로 ③이 정답입니다.

어휘 세뱃돈 New Year's cash gift 어른 adult 세배를 드리다 perform a deep bow (on New Year)

주제 08 특별한 날

단어	영어	일본어	중국어	베트남어
여자친구	girlfriend	ガールフレンド、彼女	女朋友	Bạn gái
위하다	for, on behalf of	～のためだ	为了	Vì
준비하다	prepare	準備する	准备	Chuẩn bị
먼저	first	まず、先に	首先	Trước tiên
인터넷	internet	インターネット	互联网	Mạng internet
알아보다	find out, look into	調べる	查询、了解	Tìm hiểu
예약하다	reserve	予約する	预约	Đặt trước
편지	letter	手紙	信	Lá thư
쓰다	write	書く	写	Viết
마음에 들다	like, be pleased	気に入る	喜欢、满意	Hài lòng
백	hundred	百	百	Một trăm
사귀다	date, go out with	付き合う	交往	Hẹn hò
입학식	entrance ceremony	入学式	开学典礼	Lễ khai giảng
대학생	university student	大学生	大学生	Sinh viên
전공	major	専攻	专业	Chuyên ngành
아르바이트	part-time job	アルバイト	打工	Việc làm bán thời gian
스스로	by oneself	自ら、自分で	自己	Tự mình
생활비를 벌다	earn a living	生活費を稼ぐ	赚生活费	Kiếm sống
동아리	club	クラブ、同好会	社团	Hội nhóm
다양하다	varied, diverse	多様だ	各种各样	Đa dạng
경험을 쌓다	accumulate experience	経験を積む	积累经验	Tích lũy kinh nghiệm
선배	senior	先輩	前辈	Tiền bối
토요일	Saturday	土曜日	星期六	Thứ bảy
기타	guitar	その他	其他	Đàn ghi-ta
연주회	concert, recital	演奏会	演奏会	Buổi trình diễn
실력	ability, skill	実力	实力	Thực lực, khả năng
점점	gradually	次第に	渐渐	Dần dần
보여 주다	show	見せる	展现	Cho xem
봄꽃	spring flower	春の花	春花	Hoa mùa xuân
축제	festival	祭り	节、庆典	Lễ hội
다녀오다	visit and come back	行ってくる	去了、去了一趟回来	Đi về
장소	place	場所	场所、地方	Địa điểm
활짝	fully, widely	ぱっと、一斉に	盛开、怒放	Hoàn toàn
피다	bloom	咲く	开、绽放	Nở (hoa)
차	tea	（お）茶	茶	Trà

특별한 날 주제 08

단어	영어	일본어	중국어	베트남어
구경하다	sightsee	見物する	观赏、游玩	Ngắm
복잡하다	complicated, complex	複雑だ、混んでいる	混杂、拥挤	Phức tạp
적다	few, less	少ない	少	Ít
어버이날	Parents' day	親の日	双亲节、父母节	Ngày cha mẹ
께	to (honorific)	～に（人）	向、对（"에게"的敬语）	Tới (ai đó) (một cách trang trọng)
감사	gratitude	感謝	感谢	Sự biết ơn
마음을 전하다	convey one's feelings	気持ちを伝える	传达心意、表达心意	Truyền đạt tấm lòng
이름	name	名前	名字	Tên, tên gọi
카네이션	carnation	カーネーション	康乃馨	Hoa cẩm chướng
송이	a bunch (of flowers)	☒輪	朵	Cành (hoa)
달다	attach, tie	つける、結ぶ	戴、佩戴	Thêm vào
바구니	basket	かご	篮、篮子	Cái giỏ
비누	soap	石けん	香皂	Xà phòng
드리다	give (respectful)	差し上げる	给、呈献（"주다"的敬语）	Tặng, biếu
키우다	raise, grow	育てる	养、栽培	Nuôi (trồng)
매년	every year	毎年	每年	Hàng năm
한글날	Hangul Day(Korean Alphabet Day)	ハングルの日	韩文日、韩文节	Ngày Hangeul
말하기대회	speaking contest	スピーチコンテスト	演讲比赛	Cuộc thi nói
참가하다	participate	参加する	参加	Tham gia
실력	skill	実力	实力	Thực lực
어느 정도	to some extent, a certain degree	ある程度	什么程度	Ở mức độ nào đó
넘다	exceed	超える	超过	Vượt qua
장점	advantage	長所	长处、优点	Ưu điểm
발표하다	present	発表する	发表	Phát biểu
알리다	announce	知らせる	介绍、宣传	Thông báo
결과	result	結果	结果	Kết quả
얻다	obtain, get	得る	得到	Nhận được
내용	content	内容	内容	Nội dung
가난하다	poor	貧しい	贫困	Nghèo
이웃	neighbor	隣人、となり	邻居	Hàng xóm
가져다주다	bring, deliver	持ってくる、届ける	送去给（某人）	Mang đến cho
벌써	already	もう、すでに	已经	Mới đó mà đã
하루 종일	all day	一日中	一整天	Nguyên ngày

주제 08 특별한 날

단어	영어	일본어	중국어	베트남어
찾다	search	探す、求める	拜访	Tìm
배달하다	deliver	配達する	配送、送货	Giao hàng
힘들다	hard, difficult	大変だ、つらい	辛苦	Vất vả
웃음이 나다	smile, laugh	笑う	笑出来、笑起来	Nở nụ cười
추석	Chuseok (Korean thanksgiving holiday)	秋夕	中秋节	Tết Trung Thu
명절	holiday	名節、伝統祭日	节日	Ngày lễ tết
행사	event	行事、イベント	活动	Sự kiện
조상	ancestor	先祖	祖先	Tổ tiên
차례를 지내다	perform ancestral rites	儀式（茶礼）を行う	进行祭祀	Cúng lễ
성묘	visiting ancestral graves	墓参	扫墓、上坟	Đi tảo mộ
강강술래	Korean traditional play	カンガンスルレ（踊り）	强羌水越来（一种圆圈舞）	Điệu múa Gang-gang-sullae
씨름	Korean wrestling	（朝鮮）すもう	摔跤	Môn đấu vật
달	moon	月	月亮	Mặt trăng
소원을 빌다	make a wish	願いをかける	许愿	Ước
송편	songpyeon(Korean traditional rice cake)	松餅	松糕	Bánh Songpyeon
인사	greeting	挨拶	问候	Chào hỏi
월급날	payday	給料日	发工资的日子	Ngày lãnh lương
얼굴	face	顔	脸、面孔	Khuôn mặt
시간을 보내다	spend time	時間を過ごす	度过时间	Dành thời gian
내내	all the way, throughout	（～の間）ずっと	始终、一直	Xuyên suốt
웃다	laugh	笑う	笑	Cười
아이	child	子ども	孩子、小孩	Trẻ em
처럼	like, as	～のように	像~一样	Giống với
가지다	have	持つ	拥有、享有	Có
기온	temperature	気温	气温	Nhiệt độ không khí
높아지다	rise, increase	高くなる	升高、变高	Tăng lên
부족하다	insufficient	不足する、足りない	不足、缺乏	Thiếu
공장	factory	工場	工厂	Nhà máy
버리다	throw away	捨てる	扔掉	Vất đi
알리다	notify, inform	知らせる	介绍、宣传	Thông báo
각각	each	それぞれ	各个、每一个	Mỗi loại
소중하다	precious	大切だ	珍贵、宝贵	Quý trọng
필요하다	need	必要だ	需要	Cần thiết

단어	영어	일본어	중국어	베트남어
습관을 기르다	form a habit	習慣にする	养成习惯	Tạo thói quen
더욱	more	いっそう	更	Hơn nữa
아끼다	save, treasure	惜しむ、大切にする	节约、珍惜	Trân quý
원룸	studio apartment	ワンルーム	一居室住宅	Phòng đơn
이사하다	move (house)	引っ越す	搬家	Chuyển đi
짐	luggage	荷物	行李	Hành lý
혼자	alone	一人	自己、一个人	Một mình
이삿짐	moving belongings	引っ越しの荷物	搬家行李	Hành lý chuyển nhà
들다	lift, carry	持つ	拎、拿	Mang
정리하다	organize, arrange	整理する	整理	Sắp xếp
도와주다	help	手伝う、助ける	帮忙	Giúp đỡ
덕분	thanks to	おかげ	托~的福、多亏~	Nhờ vào
끝나다	finish	終わる	结束	Kết thúc
주문하다	order	注文する	点(餐)	Đặt hàng
시키다	order, command	させる、たのむ	点(菜)	Yêu cầu
세뱃돈	New Year's cash gift	お年玉	压岁钱	Tiền mừng tuổi
어른	adult	大人	长辈、长者	Người trưởng thành
세배를 드리다	perform a deep bow (on New Year)	新年のあいさつをする	拜年	Lạy mừng năm mới

주제 09 생활 안내

1~4 다음을 읽고 내용이 같은 것을 고르십시오.

1.

한국에 오는 외국인들이 가장 불편해 하는 것 중 하나가 바로 언어 문제입니다. 한국어를 모르는 외국인이 한국에서 병원에 가거나 숙소를 예약해야 할 때 어떻게 말해야 하는지 몰라서 당황할 때가 많습니다. 이럴 때 1588-5644로 전화해 보십시오. 전화를 한 후 자기가 할 줄 아는 언어를 선택하면 그 언어로 도와줄 수 있는 사람과 통화할 수 있습니다.

① 한국의 병원에는 외국어를 할 줄 아는 의사가 있습니다.
② 외국어를 배우고 싶을 때 1588-5644로 전화하면 됩니다.
③ 한국의 숙소를 예약하려면 한국에 오기 전에 예약해야 합니다.
④ 한국에 오는 외국인들은 한국어를 몰라서 불편할 때가 많습니다.

2.

종이와 병을 클린하우스에 버리는 방법을 알려 드리겠습니다. 신문지, 책, 종이 상자 같은 종이와 유리로 된 병을 따로 분리해야 합니다. 종이는 같은 종류를 함께 묶어서 버리면 좋습니다. 유리병은 병 안을 깨끗하게 한 후 버려야 합니다. 병뚜껑은 병과 같이 버리지 말고 따로 버려야 합니다.

① 종이와 병은 같이 버려야 합니다.
② 병을 씻은 후 뚜껑을 닫고 버려야 합니다.
③ 유리로 된 병은 쓰레기봉투에 넣어서 버립니다.
④ 신문지와 책, 종이 상자 같은 종이는 같이 버려도 됩니다.

1. 외국어 전화 서비스 Foreign Language Phone Service

해설 한국에 오는 외국인들이 가장 불편해 하는 것 중 하나가 언어 문제입니다. 그래서 ④가 정답입니다.

어휘 바로 right away 언어 language 숙소 accommodation 예약하다 reserve 당황하다 be embarrassed, perplexed 자기 oneself 선택하다 choose 통화하다 call, speak on the phone 서비스 service

2. 클린하우스에 종이와 병을 버리는 방법 How to Discard Paper and Bottles at Clean House

해설 신문지, 책, 종이 상자 같은 종이는 유리와 따로 버려야 합니다. 그래서 종이는 같이 버려도 된다는 ④가 정답입니다.

어휘 병 bottle 클린하우스 Clean House 버리다 throw away 신문지 newspaper 상자 box 유리 glass 따로 separately 분리하다 separate, divide 종류 type, kind 묶다 tie, bundle 병뚜껑 bottle cap 닫다 close 쓰레기봉투 garbage bag

3.

고양이를 키우는 집을 위한 좋은 소식을 알려 드립니다. 여행이나 출장 때문에 집을 떠나야 할 때 집에 있는 고양이 때문에 걱정하셨지요? 그럴 때 그 집을 방문하여 고양이를 대신 돌봐 주는 회사가 있습니다. 그 회사에서 신청한 집을 방문하게 되면 들어갈 때부터 나올 때까지 집 주인과 영상 통화로 연락하니까 걱정 없이 고양이를 맡길 수 있습니다.

① 고양이를 키우면 기분이 좋아집니다.
② 여행이나 출장 갈 때 고양이를 데리고 가야 합니다.
③ 고양이가 있는 집을 방문하려면 그 집에 먼저 신청해야 합니다.
④ 집에 사람이 없을 때 그 집의 고양이를 돌봐 주는 회사가 있습니다.

4.

이번 주 저희 아파트의 새로운 소식을 알려 드립니다. 10월 21일 월요일부터 25일 금요일까지 엘리베이터를 수리할 예정입니다. 이 기간 동안 아파트 주민들께서는 불편하시겠지만 계단을 이용해 주시기 바랍니다. 자세한 수리 내용을 알고 싶으시면 아파트 사무실을 방문하시거나 전화로 연락 주십시오.

① 월요일부터 일요일까지 엘리베이터를 수리합니다.
② 5일 동안 엘리베이터 대신 계단으로 다녀야 합니다.
③ 엘리베이터는 수리하는 동안에도 이용할 수 있습니다.
④ 수리 내용이 궁금하면 엘리베이터 회사로 전화하면 됩니다.

3. 고양이를 돌봐 주는 회사 Company Taking Care of Cats

해설 여행이나 출장을 가서 집에 사람이 없을 때 그 집의 고양이를 돌봐 주는 회사가 있습니다. 그래서 ④가 정답입니다.

어휘 고양이 cat 소식 news 출장 business trip 떠나다 leave 걱정하다 worry 방문하다 visit 대신 instead 돌보다 look after, care for 신청하다 apply 나오다 come out 주인 owner 영상 통화 video call 맡기다 entrust, leave (someone or something) to

4. 아파트의 엘리베이터 수리 안내 Apartment Elevator Repair Notice

해설 월요일부터 금요일까지 엘리베이터를 수리합니다. 그동안 계단을 이용해야 합니다. 그래서 ②가 정답입니다.

어휘 저희 we, our 아파트 apartment 새롭다 new 월요일 Monday 금요일 Friday 엘리베이터 elevator 수리하다 repair 예정 planned, scheduled 기간 period 주민 resident 계단 stairs 이용하다 use 바라다 hope, wish 자세하다 detailed 사무실 office 궁금하다 curious

5~8 (㉠)에 들어갈 말로 가장 알맞은 것을 고르십시오.

5.

오늘은 우리 동네의 특별한 시장을 소개하겠습니다. 이 시장은 매달 1일과 20일에 1시간 동안 열립니다. 여기에서는 자기가 만든 여러 가지 물건을 팝니다. 액세서리를 파는 사람도 있고 가방을 파는 사람도 있습니다. 그림을 그려 주는 사람도 있고 노래를 부르는 사람도 있습니다. 여기에 오면 한 시간 동안 정말 재미있는 경험을 (㉠) 꼭 한번 와 보십시오.

① 할 수 있지만
② 할 수 있으면
③ 할 수 있어서
④ 할 수 있으니까

6.

매달 네 번째 주 수요일은 버스나 지하철을 이용하는 날입니다. 이 날은 운전을 하는 사람들도 버스나 지하철을 타고 다닙니다. 운전하는 사람들에게는 (㉠) 우리가 사는 도시를 위한 일이기 때문에 함께 하는 사람들이 점점 많아지고 있습니다. 앞으로도 많은 사람들이 버스나 지하철을 이용해서 우리가 사는 도시가 깨끗해졌으면 좋겠습니다.

① 쉽기는 한데
② 새로운 일이라서
③ 불편할 수도 있지만
④ 좋은 소식이기 때문에

5. 특별한 시장 Special Market

해설 우리 동네의 특별한 시장에 한번 오라고 하는 이유를 말해야 합니다. 그래서 '와 보십시오' 앞에 이유를 말하는 ④가 정답입니다.

어휘 동네 neighborhood 특별하다 special 시장 market 소개하다 introduce 매달 every month 열리다 open, be held 물건 things, stuff 액세서리 accessory 경험 experience 꼭 surely, certainly

6. 버스나 지하철을 이용하는 날 Day to Use Buses or Subways

해설 운전하는 사람들이 버스나 지하철을 타고 다니면 불편할 수 있습니다. 그러므로 ③이 정답입니다.

어휘 번째 -th (ordinal number suffix) 수요일 Wednesday 버스 bus 지하철 subway 이용하다 use 다니다 go to, attend 운전 driving 앞으로 in the future 새롭다 new

7.

휴일에 약이 필요한데 약국이 문을 닫아서 힘들 때가 있습니까? 이럴 때 인터넷에서 '휴일지킴이 약국'을 찾으십시오. '휴일지킴이 약국' 인터넷 사이트에서는 전국의 약국 정보를 알려 줍니다. 여기에서는 약국의 위치와 문을 열고 닫는 시간, 그곳의 전화번호를 알 수 있습니다. (　　㉠　　) 약국에서 살 수 있는 약이 무엇인지 알 수 있고 약을 사용하는 방법도 볼 수 있습니다.

① 그리고
② 그러면
③ 그렇지만
④ 그러니까

Part 2 주제편

8.

이동 도서관을 들어 본 적이 있습니까? 도서관이 (　　㉠　　) 이용하기 불편한 주민들을 위해서 차에 책을 넣고 다니면서 책을 빌려줍니다. 평일 10시부터 4시 30분까지 세 곳을 다닙니다. 한 곳에서 두 시간 정도 있습니다. 이동 도서관 주변에서 책을 읽을 수도 있고 집으로 책을 빌려 갈 수도 있습니다. 책은 한 번에 다섯 권을 일주일 동안 빌릴 수 있습니다.

① 너무 크지만
② 집에서 멀어서
③ 많이 있기 때문에
④ 학교하고 가까운데

7. 휴일 지킴이 약국 Holiday Pharmacy Guardian

해설 '휴일지킴이 약국' 인터넷 사이트에서 알 수 있는 여러 가지 정보를 이야기하고 있습니다. 그러므로 ①이 정답입니다.

어휘 휴일 holiday 약 medicine 필요하다 need 약국 pharmacy 지킴이 keeper, protector 찾다 find 사이트 website 전국 nationwide 정보 information 위치 location 전화번호 phone number 무엇 what

8. 이동 도서관 Mobile Library

해설 도서관을 이용하기 불편한 이유를 찾아야 합니다. 그래서 ②가 정답입니다.

어휘 이동 movement, travel 도서관 library 차 car 넣다 put in 빌려주다 lend 평일 weekday 정도 about, approximately 주변 surroundings, vicinity 빌리다 borrow

9~10 **다음을 읽고 중심 내용을 고르십시오.**

9.

택시나 버스를 타고 불편한 적이 있었습니까? 그러면 120으로 전화하십시오. 120으로 전화해서 불편한 것을 알리면 빠르게 해결할 수 있습니다. 또한 버스 시간을 모를 때 여기로 전화하면 도착 시간을 알려 줍니다. 1년 365일 24시간 언제든지 전화할 수 있으니까 택시나 버스를 이용할 때 불편한 것이나 알고 싶은 것이 있으면 연락하시기 바랍니다.

① 버스 시간을 모르면 120으로 전화해서 물어봐야 합니다.
② 택시나 버스를 타기 전에 120으로 전화하는 것이 좋습니다.
③ 택시를 타고 싶을 때 120으로 전화하면 언제든지 탈 수 있습니다.
④ 택시나 버스를 이용할 때 불편하거나 궁금한 것이 있으면 120으로 전화하면 됩니다.

10.

운전하는 사람들의 고민 중 하나는 자동차 안에서 냄새가 나는 것입니다. 이 고민을 해결할 수 있는 쉽고 간단한 방법이 있습니다. 반으로 자른 사과를 자동차 안에다가 두는 것입니다. 하루 정도 지나면 차 안의 나쁜 냄새가 없어집니다. 사과 대신에 귤이나 레몬 껍질로도 냄새 문제를 해결할 수 있습니다.

① 사과를 먹고 차 안에 두면 냄새가 심해집니다.
② 귤이나 레몬 껍질을 차 안에 오래 두면 안 됩니다.
③ 사과나 귤, 레몬을 이용하면 차 안의 냄새가 없어집니다.
④ 차 안에서 냄새가 나는 것은 운전하는 사람들 때문입니다.

9. 120 전화 서비스 120 Phone Service

해설 택시나 버스를 타고 불편할 때, 알고 싶은 것이 있을 때 120으로 전화하면 문제를 해결할 수 있습니다. 그러므로 ④가 정답입니다.

어휘 택시 taxi 해결하다 solve, resolve 또한 also 도착 arrival 언제든지 anytime 물어 보다 ask

10. 자동차 냄새 문제 해결 방법 Solving Car Odor Problems

해설 자동차 안에서 냄새가 날 때 사과나 귤, 레몬을 이용하면 냄새가 없어집니다. 그러므로 ③이 정답입니다.

어휘 고민 worry, concern 중 among 냄새가 나다 smell 간단하다 simple 해결 solution 반 half 자르다 cut 두다 put 없어지다 disappear 귤 tangerine 레몬 lemon 껍질 peel

11. 다음 문장이 들어갈 곳으로 가장 알맞은 것을 고르십시오.

우리 마을 주민 회관에 사진 수업이 생겼습니다. 사진작가 김기준 선생님이 주민들에게 무료로 사진 찍는 방법을 가르쳐 줍니다. (㉠) 1시부터 3시까지는 강의실에서 수업을 하고 3시부터 4시까지는 밖에 나가서 직접 사진을 찍어 봅니다. (㉡) 연말에는 주민 회관 1층 전시실에서 주민들이 찍은 사진으로 전시회도 할 계획입니다. (㉢) 주민 여러분의 많은 관심 부탁드립니다. (㉣)

수업은 매주 토요일 1시부터 4시까지 합니다.

① ㉠　　② ㉡　　③ ㉢　　④ ㉣

12. 다음을 순서에 맞게 배열한 것을 고르십시오.

(가) 그래도 외출해야 한다면 마스크와 선글라스를 쓰는 것이 좋습니다.
(나) 외출 후 집에 돌아오면 반드시 손과 발을 깨끗하게 씻어야 합니다.
(다) 요즘 몸에 안 좋은 먼지가 많아져서 공기가 나쁜 날이 많습니다.
(라) 이런 날에는 외출하지 않는 게 좋습니다.

① (가)-(나)-(다)-(라)　　② (가)-(다)-(라)-(나)
③ (다)-(가)-(나)-(라)　　④ (다)-(라)-(가)-(나)

11. 주민회관 무료 사진 수업 안내 Notice for Free Photography Classes at the Community Center

해설 수업하는 요일과 시간을 알려주는 문장 뒤에 그것을 자세하게 설명하는 문장이 와야 합니다. 그래서 ①이 정답입니다.

어휘 회관 community center, hall 수업 class 생기다 occur, happen 사진작가 photographer 무료 free 강의실 classroom 직접 directly 연말 end of the year 전시실 exhibition room 전시회 exhibition 계획 plan 관심 interest 부탁드리다 ask for a favor

12. 공기가 나쁜 날에 조심해야 하는 것 Precautions to Take on Days with Poor Air Quality

해설 공기가 나쁜 날에는 외출하지 않는 것이 좋습니다. 외출하게 되면 마스크와 선글라스를 쓰는 것이 좋고 돌아오면 손과 발을 씻어야 합니다. 그러므로 ④가 정답입니다.

어휘 그래도 Even though 외출하다 to go out 마스크 mask 선글라스 sunglasses 쓰다 to wear 반드시 must 발 foot 씻다 wash 몸 body 먼지 dust 공기 air

생활 안내

단어	영어	일본어	중국어	베트남어
바로	right away	まっすぐ、そのまま	就、即	Ngay lập tức
언어	language	言語	语言	Ngôn ngữ
숙소	accommodation	宿舎、宿	住处、住所	Nhà khách
예약하다	reserve	予約する	预约	Đặt trước
당황하다	be embarrassed, perplexed	当惑する、とまどう	惊慌、慌张	Bàng hoàng
자기	oneself	自分	自己	Bản thân
선택하다	choose	選択する	选择	Lựa chọn
통화하다	call, speak on the phone	通話する	通话	Gọi điện thoại
서비스	service	サービス	服务	Dịch vụ
병	bottle	ビン	瓶子	Cái chai
클린하우스	Clean House	クリーンハウス	垃圾分类投放点	Ngôi Nhà Sạch Sẽ
버리다	throw away	捨てる	扔	Vất bỏ
신문지	newspaper	新聞紙	报纸	Báo giấy
상자	box	箱	箱子	Cái hộp
유리	glass	ガラス	玻璃	Thủy tinh
따로	separately	別に	另外、单独	Riêng biệt
분리하다	separate, divide	分離する	分开、分离	Phân chia
종류	type, kind	種類	种类	Loại
묶다	tie, bundle	しばる、くくる	捆、扎	Buộc
병뚜껑	bottle cap	ビンのキャップ	瓶盖	Cái nắp
닫다	close	閉める	盖、扣	Đóng lại
쓰레기봉투	garbage bag	ゴミ袋	垃圾袋	Túi rác
고양이	cat	猫	猫	Con mèo
소식	news	知らせ、ニュース	消息	Tin tức
출장	business trip	出張	出差	Chuyến đi công tác
떠나다	leave	離れる、出発する	离开	Rời khỏi
걱정하다	worry	心配する	担心	Lo lắng
방문하다	visit	訪問する	访问	Thăm hỏi
대신	instead	代わりに	代替	Thay vào đó
돌보다	look after, care for	ケアする	照顾	Trông nom
신청하다	apply	申し込む	申请	Đăng ký
나오다	come out	出てくる	出来	Xuất hiện
주인	owner	主人	主人	Chủ nhân
영상 통화	video call	ビデオ通話	视频通话	Cuộc gọi video

단어	영어	일본어	중국어	베트남어
맡기다	entrust, leave (someone or something) to	あずける	托付、寄托	Giao phó
저희	we, our	私ども	我们、我（"우리"的谦称）	Chúng tôi
아파트	apartment	アパート	公寓	Nhà chung cư
새롭다	new	新しい	新	Mới
월요일	Monday	月曜日	星期一	Thứ hai
금요일	Friday	金曜日	星期五	Thứ sáu
엘리베이터	elevator	エレベーター	电梯	Thang máy
수리하다	repair	修理する	修理	Sửa chữa
예정	planned, scheduled	予定	预定、打算	Dự định
기간	period	期間	期间	Kì hạn
주민	resident	住民	居民	Cư dân
계단	stairs	階段	楼梯	Cầu thang
이용하다	use	利用する	利用、使用	Sử dụng
바라다	hope, wish	願う	希望	Cầu mong
자세하다	detailed	詳しい	详细、仔细	Chi tiết
사무실	office	事務室	办公室	Văn phòng
궁금하다	curious	気になる、知りたい	想知道、好奇	Tò mò
동네	neighborhood	町、町内	小区	Hàng xóm
특별하다	special	特別だ	特别	Đặc biệt
시장	market	市場、マーケット	市场	Chợ
소개하다	introduce	紹介する	介绍	Giới thiệu
매달	every month	毎月	每个月	Hàng tháng
열리다	open, be held	開く、開かれる	开、开放	Được mở ra
물건	things, stuff	物、品物	物品、东西	Đồ vật
액세서리	accessory	アクセサリー	饰品、装饰品	Phụ kiện
경험	experience	経験	经历、经验	Kinh nghiệm
꼭	surely, certainly	きっと	一定	Nhất định
번째	th (ordinal number suffix)	～回目	第（表示顺序或次数）	Thứ (đơn vị đếm số thứ tự)
수요일	Wednesday	水曜日	星期三	Thứ tư
버스	bus	バス	公交车、公共汽车	Xe buýt
지하철	subway	地下鉄	地铁	Tàu điện ngầm
이용하다	use	利用する	利用、使用	Sử dụng
다니다	go to, attend	通う	来往、往返	Đi

주제 09 생활 안내

단어	영어	일본어	중국어	베트남어
운전	driving	運転	开车	Lái xe
앞으로	in the future	今後、これから	以后、将来	Sau này
새롭다	new	新しい	新	Mới
휴일	holiday	休日	休息日、公休日	Ngày nghỉ
약	medicine	薬	药	Thuốc
필요하다	need	必要だ	需要	Cần thiết
약국	pharmacy	薬局	药店	Nhà thuốc
지킴이	keeper, protector	保護者	守护者	Người bảo vệ
찾다	find	探す、求める	找	Tìm
사이트	website	サイト	网站	Trang web
전국	nationwide	全国	全国	Toàn quốc
정보	information	情報	情报、信息	Thông tin, dữ liệu
위치	location	位置	位置	Vị trí
전화번호	phone number	電話番号	电话号码	Số điện thoại
무엇	what	何	什么	Cái gì
이동	movement, travel	移動	移动	Di chuyển
도서관	library	図書館	图书馆	Thư viện
차	car	車	车、车辆	Xe hơi
넣다	put in	入れる	放、装	Cho vào
빌려주다	lend	貸す	借给、借出	Cho mượn
평일	weekday	平日	平日、平时	Ngày thường
정도	about, approximately	程度、ぐらい	大约、左右	Khoảng
주변	surroundings, vicinity	周辺	周边	Xung quanh
빌리다	borrow	借りる	借、租	Mượn
택시	taxi	タクシー	出租车	Ta-xi
해결하다	solve, resolve	解決する	解决	Giải quyết
또한	also	また	而且	Cũng
도착	arrival	到着	到达	Đến nơi
언제든지	anytime	いつでも	无论什么时候	Bất cứ khi nào
물어 보다	ask	尋ねる	询问、打听	Hỏi
고민	worry, concern	悩み	烦恼、苦闷	Phân vân
중	among	～のうち	~中	Trong số
냄새가 나다	smell	におう	有味儿、有臭味儿	Có mùi
간단하다	simple	簡単だ	简单	Đơn giản
해결	solution	解決	解决	Giải quyết
반	half	半	半、一半	Một nửa

단어	영어	일본어	중국어	베트남어
자르다	cut	切る、断つ	切、剪	Cắt
두다	put	置く	放置	Đặt, để
없어지다	disappear	なくなる	没有了、不见了	Biến mất
귤	tangerine	みかん	橘子	Quả quýt
레몬	lemon	レモン	柠檬	Quả chanh
껍질	peel	皮	皮	Vỏ
회관	community center, hall	会館	会馆、礼堂	Hội quán
수업	class	授業	课、课程	Buổi học
생기다	occur, happen	できる、生じる	有、产生	Xảy ra
사진작가	photographer	写真作家	摄影家	Nhếp ảnh gia
무료	free	無料	免费	Miễn phí
강의실	classroom	講義室	教室、讲义室	Phòng học
직접	directly	直接	直接	Trực tiếp
연말	end of the year	年末	年末	Cuối năm
전시실	exhibition room	展示室	展览室	Phòng trưng bày
전시회	exhibition	展示会	展览会、展示会	Buổi triển lãm
계획	plan	計画	计划、筹划	Kế hoạch
관심	interest	関心、興味	关心、关注	Quan tâm
부탁드리다	ask for a favor	お願いする	拜托	Nhờ vả
그래도	Even though	それでも	但还是、那也还是	Mặc dù vậy
외출하다	to go out	外出する	外出	Đi ra ngoài
마스크	mask	マスク	口罩	Mặt nạ
선글라스	sunglasses	サングラス	墨镜、太阳镜	Kính mát
쓰다	to wear	（帽子を）かぶる、（メガネを）かける	戴	Viết
반드시	must	必ず	一定	Nhất định
발	foot	足	脚	Bàn chân
씻다	wash	洗う	洗	Rửa
몸	body	体	身体	Cơ thể
먼지	dust	ほこり	灰尘	Bụi
공기	air	空気	空气	Không khí

주제 10 기타·상식

1~4 이 글의 내용과 같은 것 고르십시오.

1.

사람들은 꽃을 꽂아서 집에 두거나 선물을 합니다. 왜냐하면 사람들이 꽃을 보면 기분이 좋아지기 때문입니다. 하지만 꽃병의 꽃은 며칠 지나면 버려야 합니다. 그래서 요즘은 비누 꽃이 나왔습니다. 비누로 만든 비누 꽃은 향기도 좋고 오래가서 선물하기 좋습니다.

① 모든 사람들이 꽃을 좋아합니다.
② 비누 꽃은 향기가 좋고 오래갑니다.
③ 모든 사람들이 선물용으로 꽃을 삽니다.
④ 사람들은 비누꽃을 보면 기분이 좋아집니다.

2.

예전에는 컴퓨터를 이용한 인터넷 시대였습니다. 하지만 앞으로는 사물 인터넷 시대입니다. 사물 인터넷은 집에 있는 세탁기, 텔레비전, 냉장고 등 사물들이 인터넷으로 연결되어 사람들을 편리하게 해주는 서비스입니다. 우리는 이것을 'IoT'라고 합니다.

① 예전에는 사물 인터넷 시대였습니다.
② 지금은 컴퓨터를 이용한 인터넷 시대입니다.
③ 세탁기, 티비, 냉장고 등은 편리한 서비스입니다.
④ 사물들로 인터넷을 할 수 있는 것을 IoT라고 합니다.

1. 비누 꽃 Soap Flowers

해설 비누로 만든 비누 꽃은 향기도 좋고 오래가서 선물하기 좋습니다. 그래서 ②가 정답입니다.

어휘 꽂다 insert, stick in 두다 put 왜냐하면 because 꽃병 flower vase 며칠 a few days 지나다 pass, go by 버리다 throw away 향기 scent, fragrance 오래가다 last long

2. 사물인터넷 Internet of Things

해설 'IoT'는 집에 있는 사물들이 인터넷으로 연결되어 사람들을 편리하게 해주는 서비스입니다. 그래서 ④가 정답입니다.

어휘 시대 era, age 사물 object, thing 세탁기 washing machine 텔레비전 television 연결되다 be connected 편리하다 convenient 서비스 service IoT Internet of Things

3.

사람들은 보통 하루 24시간 중 7~8시간 잠을 잡니다. 이렇게 많이 자는 이유는 내일을 위해서 쉬어야 하기 때문입니다. 그래서 잠을 잘 자야 합니다. 많은 사람들은 잘 때 옷을 입고 자는데 사실 옷을 벗고 자는 것이 건강에 더 좋습니다. 옷을 벗고 자면 피가 잘 통하고 편하기 때문입니다.

① 사람들은 하루 24시간 잡니다.
② 잠을 잘 자면 피가 잘 통합니다.
③ 옷을 벗고 자야 건강에 좋습니다.
④ 열심히 일하면 잠을 많이 자야 합니다.

Part 2 주제편

4.

한국에는 3가지 장이 있습니다. 바로 된장, 간장, 고추장입니다. 된장은 삶은 콩으로 만듭니다. 그리고 된장을 만들 때 삶은 콩과 소금물로 간장도 만듭니다. 고추장은 고춧가루와 찹쌀가루로 만듭니다. 이렇게 만든 된장, 간장, 고추장은 거의 모든 한국 음식에 들어갑니다.

① 한국에는 네 가지 장이 있습니다.
② 간장과 고추장은 소금물로 만듭니다.
③ 삶은 콩과 고춧가루로 고추장을 만듭니다.
④ 대부분의 한국 음식에는 세 가지 장이 들어갑니다.

3. 잠 Sleep

해설 옷을 벗고 자는 것이 건강에 더 좋습니다. 그래서 ③이 정답입니다.

어휘 하루 a day 잠 sleep 자다 sleep 이유 reason 쉬다 rest 사실 fact 벗다 take off 건강 health 피 blood 통하다 go through

4. 장(醬) Paste

해설 된장, 간장, 고추장은 거의 모든 한국 음식에 들어갑니다. 그래서 ④가 정답입니다.

어휘 장 fermentation 된장 soybean paste 삶다 boil 콩 beans 소금물 salt water 고춧가루 red pepper powder 찹쌀가루 glutinous rice powder 모든 all

5~8 (　　㉠　　)에 들어갈 알맞은 말을 고르십시오.

5.

'벽화 마을'을 들어 본 적이 있습니까? 벽화 마을은 오래된 마을 벽에 아름다운 그림을 그려서 유명해진 마을입니다. 전국에 열 곳이 넘는 마을이 벽화로 유명합니다. 벽화 마을은 벽마다 다양한 그림이 아름다워서 찾아오는 관광객이 많습니다. (　　㉠　　) 관광객이 많아지니까 마을이 시끄러워지고 더러워져서 불평하는 사람들도 점점 많아지고 있습니다.

① 그리고
② 그래도
③ 그렇지만
④ 그러니까

6.

바나나는 어디에서든지 쉽게 살 수 있는 과일입니다. 가격도 싸고 맛있어서 많은 사람들이 즐겨 먹습니다. 소화가 잘 안 될 때 바나나를 먹으면 소화를 도와줘서 속이 편해집니다. 또한 우울하거나 스트레스를 받을 때 바나나를 먹으면 기분이 좋아집니다. 밤에 (　　㉠　　) 힘들 때에도 도움이 되니까 바나나를 우유와 같이 드시면 좋습니다.

① 잠이 안 와서
② 잠이 안 오면
③ 잠이 안 오기가
④ 잠이 안 오다가

5. 벽화 마을 Mural Village

해설 관광객 때문에 안 좋다는 내용 앞에 벽화 마을이 아름다워서 관광객이 많다고 했습니다. 앞뒤 내용이 다르기 때문에 ③이 정답입니다.

어휘 벽화 mural 벽 wall 찾아오다 to come to find 관광객 tourist 시끄럽다 noisy 불평하다 to complain

6. 바나나 Banana

해설 밤에 힘든 이유를 써야 하니까 ①이 정답입니다.

어휘 바나나 banana 어디에서든지 anywhere 즐기다 enjoy 소화 digestion 속이 편해지다 feel comfortable (stomach) 우울하다 be depressed

7.

가을이 되면 나뭇잎의 색이 변하는 단풍을 볼 수 있습니다. 단풍의 색은 크게 빨간색, 노란색, 갈색 3가지로 나눌 수 있는데, 그중 한국은 빨간 단풍이 특히 아름답습니다. 사람들은 단풍을 보러 산과 들로 소풍을 가는 것을 좋아합니다. 단풍은 날씨가 아주 맑고 추워질 때 잘 만들어집니다. 그렇지만 (　　　㉠　　　) 따뜻한 날이 많으면 단풍은 잘 만들어지지 않습니다.

① 흐리고
② 습하고
③ 쌀쌀하고
④ 시원하고

8.

한국에는 "원숭이도 나무에서 떨어진다"라는 말이 있습니다. 아무리 익숙하게 잘하는 일도 가끔 실수할 때가 있다는 의미입니다. 누구나 시험, 운동 경기, 사업에서 (　　　㉠　　　). 하지만 이때 그만두지 말고 끝까지 노력해야 합니다. 노력하는 사람은 좋은 결과를 얻을 수 있습니다.

① 성공하기도 합니다
② 실수할 수 있습니다
③ 성적을 궁금해 합니다
④ 좋은 결과를 기대합니다

7. 단풍 Autumn Leaves

해설 단풍은 맑고 추워질 때 잘 만들어집니다. 날씨가 흐리고 따뜻하면 단풍이 잘 만들어지지 않습니다. 그래서 ①이 정답입니다.

어휘 가을 autumn 나뭇잎 leaves 단풍 autumn leaves 빨간색 red 노란색 yellow 갈색 brown 나누다 divide 그중 among them 소풍 picnic 추워지다 get cold 만들어지다 be made 습하다 humid 쌀쌀하다 chilly

8. 속담 Proverb

해설 잘하는 일도 실수할 때가 있다고 했습니다. 누구나 시험, 운동 경기, 사업에서 실수할 수 있습니다. 그래서 ②가 정답입니다.

어휘 원숭이 monkey 아무리 no matter how 익숙하다 be familiar with 잘하다 do well 의미 meaning 누구나 anyone 사업 business 그만두다 quit 끝 end 노력하다 make an effort 성공하다 succeed 기대하다 expect

9~10 **다음을 읽고 중심 내용을 고르십시오.**

9.

혼자 여행하는 것을 좋아하는 사람들이 있습니다. 혼자 여행하면 버스나 기차를 타고 다닐 때 창문 밖을 보면서 이런저런 생각을 정리할 수 있습니다. 그리고 옆자리에 앉은 사람들과 이야기를 하면서 자기가 모르는 새로운 이야기도 들을 수 있습니다.

① 혼자 여행하면 좋은 점이 많습니다.
② 버스나 기차 안에서 떠들면 안 됩니다.
③ 생각을 정리하고 싶을 때 혼자 여행합니다.
④ 모르는 사람들과 이야기하면 재미있습니다.

10.

시끄러운 소리를 소음이라고 합니다. 우리는 보통 소음이라고 하면 기분이 나빠지는 소리를 생각합니다. 그런데 소음 중에는 기분이 좋아지는 소음도 있습니다. 이것을 백색 소음이라고 합니다. 비 오는 소리, 물이 흐르는 소리, 바람에 나뭇가지가 흔들리는 소리는 모두 백색 소음입니다.

① 소음을 들으면 기분이 나빠집니다.
② 기분이 나쁠 때 소음을 들어야 합니다.
③ 백색 소음은 기분이 좋아지는 소음입니다.
④ 우리가 듣는 소음은 모두 백색 소음입니다.

9. 혼자 하는 여행 Solo Travel

해설 생각을 정리할 수 있고 새로운 이야기도 들을 수 있는 것은 혼자 여행하면 좋은 점입니다. 그래서 정답은 ①이 정답입니다.

어휘 기차 train 다니다 go to, attend 이런저런 this and that 정리하다 organize, arrange 옆자리 next seat 떠들다 chatter, talk loudly

10. 백색 소음 White Noise

해설 소음 중에는 기분이 좋아지는 백색 소음도 있습니다. 그래서 정답은 ③입니다.

어휘 시끄럽다 noisy 소리 sound 소음 noise 흐르다 flow 나뭇가지 tree branch 흔들리다 shake

11. 다음 문장이 들어갈 곳을 고르십시오.

우리 집에는 만화책이 아주 많습니다. (㉠) 제 취미가 만화책 읽는 것이기 때문입니다. (㉡) 만화책을 읽으면 여러 가지 상상을 할 수 있어서 좋습니다. (㉢) 과거나 미래에 다녀오거나 다른 나라에서 멋있는 사람을 만나는 상상도 합니다. (㉣) 기회가 되면 그 이야기를 만화책으로 만들고 싶습니다.

가끔은 제가 상상한 것을 글로 써 놓기도 합니다.

① ㉠ ② ㉡ ③ ㉢ ④ ㉣

12. 다음을 순서대로 맞게 나열한 것을 고르십시오.

(가) 그래서 학교에 가지 못했습니다.
(나) 오늘 새벽부터 열이 많이 났습니다.
(다) 어제 비를 많이 맞았는데 그것 때문인 것 같습니다.
(라) 다음에는 일기예보를 잘 보고 우산도 가지고 다녀야겠습니다.

① (나)–(가)–(다)–(라) ② (나)–(라)–(가)–(다)
③ (다)–(가)–(나)–(라) ④ (다)–(가)–(나)–(다)

11. 만화책 Comic Books

해설 상상한 것을 글로 써 놓고 그것으로 만화책을 만들고 싶습니다. 그래서 정답은 ④입니다.

어휘 만화책 comic book 상상 imagination 과거 past 미래 future 가끔 sometimes 기회 opportunity

12. 일기예보 Weather Forecast

해설 열이 나서 학교에 못 갔습니다. 그 이유는 비를 맞아서입니다. 일기예보를 보아야 다음에 비를 안 맞습니다. 그래서 ①이 정답입니다.

어휘 새벽 dawn 열이 나다 have a fever 비를 맞다 get rained on 때문 because 일기예보 weather forecast 우산 umbrella

주제 10 기타·상식

단어	영어	일본어	중국어	베트남어
꽂다	insert, stick in	差す	插、插入	Gắn vào
두다	put	置く	放、摆放	Đặt, để
왜냐하면	because	なぜなら	因为	Bởi vì
꽃병	flower vase	花瓶	花瓶	Bình hoa
며칠	a few days	数日、何日	几天	Vài hôm
지나다	pass, go by	過ぎる	过、过去	Đi qua
버리다	throw away	捨てる	扔	Vất bỏ
향기	scent, fragrance	香り	香气	Mùi hương
오래가다	last long	長く使える	持续时间长	Tồn tại lâu dài
시대	era, age	時代	时代	Thời đại
사물	object, thing	事物	事物	Sự vật
세탁기	washing machine	洗濯機	洗衣机	Máy giặt
텔레비전	television	テレビ	电视、电视机	Ti vi
연결되다	be connected	つながる	连接	Được liên kết
편리하다	convenient	便利だ	便利、方便	Tiện lợi
서비스	service	サービス	服务	Dịch vụ
IoT	Internet of Things	モノのインターネット	物联网	Internet vạn vật
하루	a day	一日	一天	Một ngày
잠	sleep	眠り	觉、睡眠	Giấc ngủ
자다	sleep	寝る	睡、睡觉	Ngủ
이유	reason	理由	理由、原因	Lý do
쉬다	rest	休む	休息	Nghỉ ngơi
사실	fact	事実	事实上	Sự thật
벗다	take off	脱ぐ	脱、脱掉	Cởi
건강	health	健康	健康	Sức khỏe
피	blood	血	血、血液	Máu
통하다	go through	通じる	通、畅通	Thông
장	fermentation	ジャン、ひしお	酱	Tương
된장	soybean paste	味噌	大酱	Tương đậu
삶다	boil	煮る、ゆでる	煮	Luộc
콩	beans	豆	大豆、黄豆	Hạt đậu
소금물	salt water	食塩水	盐水、咸水	Nước muối
고춧가루	red pepper powder	トウガラシ粉	辣椒面	Bột ớt
찹쌀가루	glutinous rice powder	もち米粉	糯米粉、江米面	Bột nếp
모든	all	すべての	所有	Tất cả
벽화	mural	壁画	壁画	Tranh treo tường

단어	영어	일본어	중국어	베트남어
벽	wall	壁	墙、壁	Bức tường
찾아오다	to come to find	訪ねてくる、探してくる	来访	Tìm đến
관광객	tourist	観光客	游客、观光客	Khách du lịch
시끄럽다	noisy	うるさい	吵闹、嘈杂	Ồn ào
불평하다	to complain	クレームをつける	不满、抱怨	Phàn nàn
바나나	banana	バナナ	香蕉	Quả chuối
어디에서든지	anywhere	どこででも	到处、任何地方	Bất cứ nơi đâu
즐기다	enjoy	楽しむ	喜欢、喜爱	Tận hưởng
소화	digestion	消化	消化	Tiêu hóa
속이 편해지다	feel comfortable (stomach)	お腹の調子がよくなる	胃变舒服	Bụng trở nên thoải mái
우울하다	be depressed	憂鬱だ	忧郁、忧愁	Bị trầm cảm
가을	autumn	秋	秋天	Mùa thu
나뭇잎	leaves	木の葉	树叶	Lá cây
단풍	autumn leaves	紅葉	枫叶、红叶	Lá mùa thu
빨간색	red	赤色	红色	Màu đỏ
노란색	yellow	黄色	黄色	Màu vàng
갈색	brown	茶色	褐色、棕色	Màu nâu
나누다	divide	分ける	分成、分为	Phân chia
그중	among them	その中で	其中、那些之中	Trong số đó
소풍	picnic	ハイキング	郊游、野游	Dã ngoại
추워지다	get cold	寒くなる	变冷	Trở lạnh
만들어지다	be made	作られる	形成、做成	Được tạo ra
습하다	humid	湿っている	潮湿	Ẩm ướt
쌀쌀하다	chilly	肌寒い	冰冷、凉飕飕	Se lạnh
원숭이	monkey	サル	猴子	Con khỉ
아무리	no matter how	いくら～ても	无论多么	Cho dù
익숙하다	be familiar with	慣れる	熟悉、熟练	Quen với
잘하다	do well	上手だ	擅长、拿手	Làm tốt
의미	meaning	意味	意味、意义	Ý nghĩa
누구나	anyone	誰でも	任何人、所有人	Bất cứ ai
사업	business	事業	事业、工作	Kinh doanh
그만두다	quit	やめる	停止、放弃	Chấm dứt
끝	end	終わり	最后	Kết thúc
노력하다	make an effort	努力する	努力	Nỗ lực
성공하다	succeed	成功する	成功	Thành công

주제 10 기타·상식

단어	영어	일본어	중국어	베트남어
기대하다	expect	期待する、楽しみにする	期待	Mong đợi
기차	train	列車、汽車	火车	Xe lửa
다니다	go to, attend	通う	来往、往返	Đi
이런저런	this and that	あれこれ	这样那样的	Thế này thế nọ
정리하다	organize, arrange	整理する	整理	Sắp xếp
옆자리	next seat	となりの席	旁边的座位、邻座	Vị trí bên cạnh
떠들다	chatter, talk loudly	騒ぐ	喧哗、大声讲	Làm ồn
시끄럽다	noisy	うるさい	嘈杂、吵闹	Ồn ào
소리	sound	音、声	声音	Âm thanh
소음	noise	騒音	噪音	Tiếng ồn
흐르다	flow	流れる	流、流淌	Chảy
나뭇가지	tree branch	木の枝	树枝	Cành cây
흔들리다	shake	揺れる	摇动、晃动	Rung lắc
만화책	comic book	マンガの本	漫画、漫画书	Truyện tranh
상상	imagination	想像	想象	Tưởng tượng
과거	past	過去	过去	Quá khứ
미래	future	未来	未来	Tương lai
가끔	sometimes	時々	偶尔	Thỉnh thoảng
기회	opportunity	機会	机会	Cơ hội
새벽	dawn	明け方、夜中	凌晨	Rạng sáng
열이 나다	have a fever	熱がある	发烧	Phát sốt
비를 맞다	get rained on	雨にふられる	淋雨	Dầm mưa
때문	because	せい、理由	因为、由于	Bởi vì
일기예보	weather forecast	天気予報	天气预报	Dự báo thời tiết
우산	umbrella	傘	雨伞	Ô dù

memo

Part

실전 모의고사

3

제1회
실전 모의고사

한국어능력시험 I
(초급)

읽기

수험번호(Registration No.)		
이름 (Name)	한국어(Korean)	
	영　어(English)	

유 의 사 항
Information

1. 시험 시작 지시가 있을 때까지 문제를 풀지 마십시오.
   Do not open the booklet until you are allowed to start.

2. 수험번호와 이름은 정확하게 적어 주십시오.
   Write your name and registration number on the answer sheet.

3. 답안지를 구기거나 훼손하지 마십시오.
   Do not fold the answer sheet; keep it clean.

4. 답안지의 이름, 수험번호 및 정답의 기입은 배부된 펜을 사용하여 주십시오.
   Use the given pen only.

5. 정답은 답안지에 정확하게 표시하여 주십시오.
   Mark your answer accurately and clearly on the answer sheet.

   marking example ① ● ③ ④

6. 문제를 읽을 때에는 소리가 나지 않도록 하십시오.
   Keep quiet while answering the questions.

7. 질문이 있을 때에는 손을 들고 감독관이 올 때까지 기다려 주십시오.
   When you have any questions, please raise your hand.

TOPIK I 읽기(31 ~ 70번)

※ [31~33] 무엇에 대한 내용입니까? 보기 와 같이 알맞은 것을 고르십시오. (각 2점)

보기

덥습니다. 바다에서 수영합니다.

❶ 여름 ② 날씨 ③ 나이 ④ 나라

31.

도서관에 갑니다. 책을 읽습니다.

① 독서 ② 쇼핑 ③ 운동 ④ 하루

32.

오늘은 1월 1일입니다. 가족들이 모였습니다.

① 직업 ② 장소 ③ 고향 ④ 설날

33.

오늘은 저의 생일입니다. 친구한테서 시계를 받았습니다.

① 계획 ② 시간 ③ 선물 ④ 취미

※ [34~39] 보기 와 같이 (   )에 들어갈 말로 가장 알맞은 것을 고르십시오.

보기

저는 (   )에 갔습니다. 책을 샀습니다.

① 극장 ❷ 서점 ③ 공원 ④ 세탁

34. (2점)

언니는 가수입니다. 노래(   ) 아주 잘 합니다.

① 와 ② 를 ③ 의 ④ 에

35. (2점)

저는 왕밍 입니다. 중국(   ) 왔습니다.

① 으로 ② 에게 ③ 에서 ④ 하고

36. (2점)

방이 더럽습니다. 청소기를 (   ).

① 넣습니다 ② 나옵니다 ③ 닫습니다 ④ 돌립니다

37. (3점)

이사를 합니다. 새집이 아주 (   ).

① 짧습니다 ② 넓습니다 ③ 쉽습니다 ④ 많습니다

38. (3점)

배가 고픕니다. (   ) 음식을 먹었습니다.

① 제일　　② 아마　　③ 특히　　④ 먼저

39. (2점)

물이 (   ). 라면을 넣습니다.

① 없습니다　　② 끓습니다　　③ 많습니다　　④ 맑습니다

※ [40~42] 다음을 읽고 맞지 않는 것을 고르십시오. (각 3점)

40.

① 동현 씨는 내일 출근합니다.
② 은지 씨는 지금 집에 없습니다.
③ 은지 씨는 오늘 극장에 갔습니다.
④ 동현 씨와 은지 씨는 오늘 만났습니다.

41.

12월 겨울 음악회

• **일시** : 12월 24일(토) ~ 25일(일),
오후 7시~9시
• **장소** : 국제대학교
• **노래** : 김영희 • **피아노** : 박은빈

① 음악회는 주말에 합니다.
② 음악회는 국제대학교에서 합니다.
③ 음악회는 저녁 아홉 시에 끝납니다.
④ 음악회에서 박은빈 씨가 노래를 부릅니다.

42.

서울 미술관 안내문

〈 이용 안내〉

화요일 ~ 금요일 : 10:00 ~ 21:00

토요일, 일요일 : 10:00 ~ 18:00

*** 매주 월요일은 쉽니다.**

① 주말에는 오후 여섯 시까지 합니다.
② 월요일에는 미술관이 문을 안 엽니다.
③ 평일에는 밤 아홉 시까지 이용할 수 있습니다.
④ 미술관은 주말보다 평일에 일찍 문을 닫습니다.

※ [43~45] 다음을 읽고 내용이 같은 것을 고르십시오.

43. (3점)

어제 박물관에서 친구를 만났습니다. 우리는 박물관을 구경하면서 이야기했습니다. 저녁에는 우리 집에서 같이 밥을 먹었습니다.

① 저는 저녁에 박물관을 구경했습니다.
② 저는 친구가 일하는 박물관에 갔습니다.
③ 저는 박물관에 가서 친구를 만났습니다.
④ 저는 친구와 박물관에서 밥을 먹었습니다.

44. (2점)

저는 어제 연극을 봤습니다. 연극이 재미있어서 아버지께 표 두 장을 사 드렸습니다. 아버지는 내일 어머니와 연극을 보러 가실 겁니다.

① 아버지는 연극 표를 사셨습니다.
② 저는 아버지와 연극을 봤습니다.
③ 어머니는 내일 연극을 보실 겁니다.
④ 아버지가 저에게 영화표를 주셨습니다.

45. (3점)

오후에 갑자기 비가 왔습니다. 저는 우산이 없어서 걱정했습니다. 그래서 편의점에서 우산을 샀습니다. 그런데 비가 그쳤습니다.

① 아침부터 비가 내렸습니다.
② 편의점에 우산이 없었습니다.
③ 저는 우산을 가지고 왔습니다.
④ 우산을 샀는데 비가 그쳤습니다.

※ [46~48] 다음을 읽고 중심 내용을 고르십시오.

46. (3점)

한국의 겨울은 아주 춥습니다. 그런데 우리 고향에는 겨울이 없습니다. 저는 빨리 봄이 되었으면 좋겠습니다.

① 저는 겨울을 좋아합니다.
② 저는 겨울을 기다립니다.
③ 저는 겨울이 추워서 힘듭니다.
④ 저는 봄에 고향에 가고 싶습니다.

47. (3점)

내일은 제가 수업 시간에 발표를 하는 날입니다. 그런데 오늘 집에 손님이 와서 발표 준비를 하지 못했습니다. 오늘 밤에 준비해야 하는데 시간이 부족합니다.

① 저는 발표를 잘 할 수 있습니다.
② 저는 손님이 와서 발표를 못했습니다.
③ 저는 발표할 때 시간이 부족했습니다.
④ 저는 발표 준비 때문에 걱정이 됩니다.

48. (2점)

보통 편지를 보내거나 소포를 보낼 때 우체국에 갑니다. 그런데 우체국에서는 다른 일도 할 수 있습니다. 통장을 만들거나 보험 가입도 할 수 있습니다.

① 우체국에서 할 수 있는 일이 많습니다.
② 우체국에서는 통장을 만들 수 없습니다.
③ 우체국에 가서 다른 일을 하면 안 됩니다.
④ 우체국에서는 편지와 소포만 보낼 수 있습니다.

※ [49~50] 다음을 읽고 물음에 답하십시오. (각2점)

아침에 일어났는데 눈이 빨갛고 간지러웠습니다. 그리고 눈물도 계속 났습니다. 어제 수영장에 갔는데 그것 때문에 눈병에 걸린 것 같습니다. 병원에서 눈에 (㉠)을 받았습니다. 간지러워도 눈을 만지면 안 되니까 너무 불편합니다.

49. ㉠에 들어갈 말로 가장 알맞은 것을 고르십시오.

① 넣는 약
② 놓는 약
③ 두는 약
④ 맞는 약

50. 윗글의 내용과 같은 것을 고르십시오.

① 병원에서 눈병에 걸렸습니다.
② 눈병 때문에 눈물이 났습니다.
③ 눈을 만지면 눈병에 걸립니다.
④ 어제부터 눈이 간지러웠습니다.

※ **[51~52] 다음을 읽고 물음에 답하십시오.**

낮잠을 자면 일도 잘 할 수 있고 기분도 좋아집니다. 그러나 너무 많이 자면 잠을 계속 자고 싶거나 밤에 잠을 못 잘 수도 있습니다. 낮잠을 잘 (㉠) 12시부터 4시 사이에 자는 것이 좋고 20분~40분 정도 자면 기분 좋은 하루를 보낼 수 있습니다.

51. ㉠에 들어갈 말로 가장 알맞은 것을 고르십시오. (3점)

① 자려면　　② 자면서
③ 자다가　　④ 잔 후에

52. 무엇에 대한 내용인지 맞는 것을 고르십시오. (2점)

① 낮잠을 자는 이유
② 낮잠을 잘 자는 방법
③ 낮잠을 잘 때 필요한 것
④ 낮잠을 잘 때 하면 안 되는 것

※ [53~54] 다음을 읽고 물음에 답하십시오.

요즘 날씨가 더워져서 어제 옷장을 정리했습니다. 두꺼운 옷은 상자에 담고 얇은 여름옷은 꺼냈습니다. 그 다음에 여름옷 몇 벌을 입어 보았는데 옷이 모두 작아서 입을 수 없었습니다. 몇 달 동안 운동을 안 해서 살이 찐 것 같습니다. 다시 (㉠).

53. ㉠에 들어갈 말로 알맞은 것을 고르십시오. (2점)

① 상자를 사야겠습니다
② 운동을 해야겠습니다
③ 옷을 입어봐야겠습니다
④ 옷장을 정리해야겠습니다

54. 윗글의 내용과 같은 것을 고르십시오. (3점)

① 두꺼운 옷을 옷장에서 꺼냈습니다.
② 여름옷이 작아서 모두 버렸습니다.
③ 옷이 모두 작아서 입을 옷이 없습니다.
④ 살을 빼려고 몇 달 동안 운동을 했습니다.

※ [55~56] 다음을 읽고 물음에 답하십시오.

우리 나라에서는 쓰레기를 버릴 때 여러 가지 쓰레기를 비닐봉투에 담아서 한 번에 버립니다. (㉠) 한국에서는 이렇게 하면 안 됩니다. 쓰레기는 반드시 나눠서 버려야 합니다. 유리병, 종이, 플라스틱은 다시 사용할 수 있으니까 깨끗하게 해서 버려야 합니다. 음식도 음식 버리는 곳에 따로 버려야 합니다.

55. ㉠에 들어갈 말로 가장 알맞은 것을 고르십시오. (2점)

① 그런데 ② 그리고
③ 그래서 ④ 그러면

56. 윗글의 내용과 같은 것을 고르십시오. (3점)

① 음식 쓰레기를 버리는 방법은 쉽습니다.
② 한국에서는 쓰레기를 나눠서 버려야 합니다.
③ 쓰레기는 비닐봉투에 버리는 것이 좋습니다.
④ 우리 나라에서는 쓰레기를 깨끗하게 해서 버립니다.

※ [57~58] 다음을 순서에 맞게 배열한 것을 고르십시오.

57. (2점)

(가) 청바지로 만드니까 가방이 가볍고 튼튼해서 좋습니다.
(나) 유행이 지난 청바지로 가방을 만들어 봤습니다.
(다) 그리고 옷을 버리지 않아도 되니까 쓰레기도 줄일 수 있습니다.
(라) 몇 개 더 만들어서 선물해야겠습니다.

① (나) - (가) - (다) - (라)
② (나) - (다) - (라) - (가)
③ (다) - (라) - (가) - (나)
④ (다) - (라) - (나) - (가)

58. (3점)

(가) 화분에는 '힘내! 사랑해!'라고 쓰여 있었습니다.
(나) 저는 그 화분을 사무실 책상 위에 두었습니다.
(다) 친구한테서 선물로 작은 화분을 받았습니다.
(라) 사무실에서 화분을 볼 때마다 정말 힘이 나는 것 같습니다.

① (가) - (나) - (다) - (라)
② (가) - (나) - (라) - (다)
③ (다) - (가) - (나) - (라)
④ (다) - (라) - (나) - (가)

※ **[59~60] 다음을 읽고 물음에 답하십시오.**

저는 지난달부터 빵 만드는 것을 배우고 있습니다. 처음에는 빵을 만드는 것이 어려웠습니다. (㉠) 시간도 많이 걸리고 맛도 별로 없었습니다. (㉡) 그렇지만 매일 연습하니까 시간도 오래 걸리지 않고 빵 맛도 점점 좋아졌습니다. (㉢) 그때 제가 만든 빵을 친구들에게 선물하려고 합니다. (㉣) 친구들이 좋아하는 모습을 생각하면 벌써 기분이 좋아집니다.

59. 다음 문장이 들어갈 곳으로 가장 알맞은 것을 고르십시오. (2점)

한 달 후에 크리스마스가 있습니다.

① ㉠ ② ㉡ ③ ㉢ ④ ㉣

60. 윗글의 내용과 같은 것을 고르십시오. (3점)

① 지난달에 빵을 사러 갔습니다.
② 친구들이 저에게 빵을 사 주었습니다.
③ 처음 빵을 만들 때 어렵지 않았습니다.
④ 저는 매일 빵을 만드는 연습을 합니다.

※ [61~62] 다음을 읽고 물음에 답하십시오. (각 2점)

어제는 여자친구 생일이었습니다. 그래서 여자친구에게 줄 꽃다발을 사러 꽃집에 갔습니다. 그런데 그 꽃집은 꽃다발을 하나 팔 때마다 생활이 어려운 사람들에게 500원을 보내주는 곳이었습니다. 내가 필요한 물건을 사면서 다른 사람도 도울 수 있어서 기분이 좋았습니다. 여자친구에게 꽃다발을 줄 때 이 꽃집 이야기를 (㉠) 여자친구가 아주 기뻐했습니다. 다른 친구들에게도 이 꽃집을 소개해 줘야겠습니다.

61. ㉠에 들어갈 말로 가장 알맞은 것을 고르십시오.

① 하면서
② 하니까
③ 하기로
④ 하려고

62. 윗글의 내용과 같은 것을 고르십시오.

① 어제는 제 생일이었습니다.
② 여자친구와 꽃집에 갔습니다.
③ 여자친구가 제게 꽃다발을 주었습니다.
④ 꽃다발을 사면 다른 사람을 도울 수 있습니다.

※ [63~64] 다음을 읽고 물음에 답하십시오.

ㅇㅇㅇ

여러분, 안녕하세요?
우리 한국어학당에 그림 동아리가 생겼습니다.
여기에서는 한국 전통 그림을 배울 수 있습니다.
매주 토요일 오후 2시부터 4시까지 301호 교실에서 모입니다.
그림을 그릴 때 필요한 것은 모두 무료로 빌려줍니다.
신청은 다음 주 금요일까지 사무실로 와서 하면 됩니다.
한국 전통 그림에 관심이 있는 학생들의 많은 참여 부탁드립니다.

한국어학당

63. 왜 윗글을 썼는지 맞는 것을 고르십시오. (2점)

① 그림 전시회를 알려주려고
② 한국 전통 그림을 소개하려고
③ 한국어학당 신청 방법을 알려주려고
④ 그림 동아리에 참여할 사람을 모으려고

64. 윗글의 내용과 같은 것을 고르십시오. (3점)

① 토요일에 4시간 동안 그림을 그립니다.
② 이 동아리에서 그림을 배울 수 있습니다.
③ 이 동아리에서 그림을 그릴 때 돈을 내야 합니다.
④ 동아리 신청을 하고 싶은 사람은 이번 주까지 해야 합니다.

※ [65~66] 다음을 읽고 물음에 답하십시오.

요즘 비가 자주 와서 농구를 못했는데 어제는 오랜만에 날씨가 좋았습니다. 그래서 친구들과 같이 농구를 했습니다. 그런데 농구를 (㉠) 다리를 다쳤습니다. 아프기는 했지만 걸을 수 있어서 병원에 안 갔습니다. 그런데 오늘 아침에 일어나니까 어제보다 다리가 더 아팠습니다. 다리가 많이 부어 있었습니다. 수업이 끝나면 바로 병원에 가려고 합니다.

65. ㉠에 들어갈 말로 가장 알맞은 것을 고르십시오. (2점)

① 하니까　　② 하려고
③ 하다가　　④ 하거나

66. 윗글의 내용과 같은 것을 고르십시오. (3점)

① 어제 오랜만에 농구를 했습니다.
② 어제 다리 때문에 병원에 갔습니다.
③ 다리를 다쳐서 걸을 수 없었습니다.
④ 오늘은 어제보다 다리가 덜 아팠습니다.

※ **[67~68] 다음을 읽고 물음에 답하십시오. (각 3점)**

요즘은 자기가 잘하는 것으로 봉사 활동을 하는 사람들이 많습니다. 노래를 잘하는 사람은 사람들에게 노래를 불러주거나 노래 부르는 방법을 가르쳐줍니다. 그림을 잘 그리는 사람은 그림을 그려주거나 그림 그리는 방법을 알려줍니다. 외국어를 잘하는 사람은 외국어를 가르쳐 줍니다. 이렇게 자신의 능력으로 (　　㉠　　) 일은 시간과 노력이 필요하지만 큰 기쁨을 느낄 수 있습니다.

67. ㉠에 들어갈 말로 가장 알맞은 것을 고르십시오.

① 많은 돈을 모으는　　② 다른 사람을 돕는
③ 좋은 직업을 구하는　　④ 사람들에게 배우는

68. 윗글의 내용과 같은 것을 고르십시오.

① 그림을 그려서 전시회를 합니다.
② 노래를 부르는 것이 재미있습니다.
③ 다른 사람을 돕는 일을 하면 기쁩니다.
④ 외국어를 배우려면 봉사 활동을 해야 합니다.

※ [69~70] 다음을 읽고 물음에 답하십시오. (각 3점)

어제는 제가 제주도에 온 지 3년이 되는 날이었습니다. 그래서 가족들과 함께 케이크를 사서 작은 파티를 했습니다. 제주도에 와서 제 건강이 좋아진 것을 축하하는 파티였습니다. 우리는 도시에서 살 때와 여기에서 사는 것을 비교하면서 이야기를 많이 했습니다. 만약에 도시에서 계속 (㉠) 제 건강은 더 나빠졌을 겁니다. 맑은 공기와 깨끗한 물을 마시는 것은 참 중요한 것 같습니다.

69. ㉠에 들어갈 말로 가장 알맞은 것을 고르십시오.

① 살았으면
② 지내다가
③ 지내니까
④ 살아보고

70. 윗글의 내용으로 알 수 있는 것을 고르십시오.

① 제주도는 공기와 물이 깨끗합니다.
② 파티에 온 손님이 아주 많았습니다.
③ 도시로 이사한 후에 건강이 좋아졌습니다.
④ 이 사람은 가족 때문에 제주도에 왔습니다.

제2회
실전 모의고사

한국어능력시험 I
(초급)

읽기

수험번호(Registration No.)		
이름 (Name)	한국어(Korean)	
	영 어(English)	

유 의 사 항
Information

1. 시험 시작 지시가 있을 때까지 문제를 풀지 마십시오.
   Do not open the booklet until you are allowed to start.

2. 수험번호와 이름은 정확하게 적어 주십시오.
   Write your name and registration number on the answer sheet.

3. 답안지를 구기거나 훼손하지 마십시오.
   Do not fold the answer sheet; keep it clean.

4. 답안지의 이름, 수험번호 및 정답의 기입은 배부된 펜을 사용하여 주십시오.
   Use the given pen only.

5. 정답은 답안지에 정확하게 표시하여 주십시오.
   Mark your answer accurately and clearly on the answer sheet.

6. 문제를 읽을 때에는 소리가 나지 않도록 하십시오.
   Keep quiet while answering the questions.

7. 질문이 있을 때에는 손을 들고 감독관이 올 때까지 기다려 주십시오.
   When you have any questions, please raise your hand.

TOPIK I 읽기(31 ~ 70번)

※ [31~33] 무엇에 대한 내용입니까? [보기]와 같이 알맞은 것을 고르십시오. (각 2점)

보기

포도를 먹었습니다. 포도가 맛있었습니다.

① 공부 ❷ 과일 ③ 여름 ④ 생일

31.

형은 나보다 두 살 많습니다. 스물두 살입니다.

① 날짜 ② 나이 ③ 가족 ④ 시간

32.

소금은 짭니다. 레몬은 십니다.

① 맛 ② 값 ③ 쇼핑 ④ 과일

33.

저는 비빔밥을 좋아합니다. 동생은 불고기를 좋아합니다.

① 취미 ② 선물 ③ 공부 ④ 음식

※ [34~39] 보기 와 같이 ( )에 들어갈 말로 가장 알맞은 것을 고르십시오.

보기

( )에 갑니다. 편지를 보냅니다.

① 서점 ② 공항 ❸ 우체국 ④ 대사관

34. (2점)

도서관에 갑니다. ( )을 빌립니다.

① 옷 ② 돈 ③ 책 ④ 집

35. (2점)

언니는 회사( ) 다닙니다. 회사원입니다.

① 도 ② 에 ③ 에서 ④ 부터

36. (2점)

날씨가 춥습니다. 모자를 ( ).

① 씁니다 ② 합니다 ③ 입습니다 ④ 신습니다

37. (3점)

시험이 끝났습니다. 그래서 도서관에 학생이 ( ) 없습니다.

① 먼저 ② 별로 ③ 잠깐 ④ 제일

38. (3점)

오늘은 제 생일입니다. 그래서 저녁에 친구들을 집으로 (　　　　　　).

① 만났습니다　　② 기다렸습니다　　③ 초대했습니다　　④ 사귀었습니다

39. (2점)

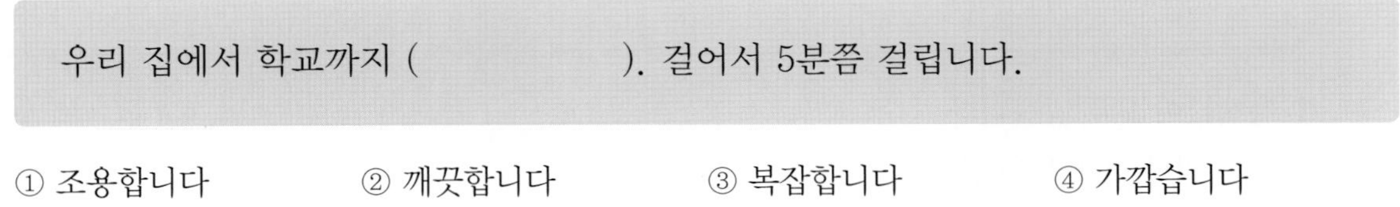
우리 집에서 학교까지 (　　　　　　). 걸어서 5분쯤 걸립니다.

① 조용합니다　　② 깨끗합니다　　③ 복잡합니다　　④ 가깝습니다

※ [40~42] 다음을 읽고 맞지 않는 것을 고르십시오. (각 3점)

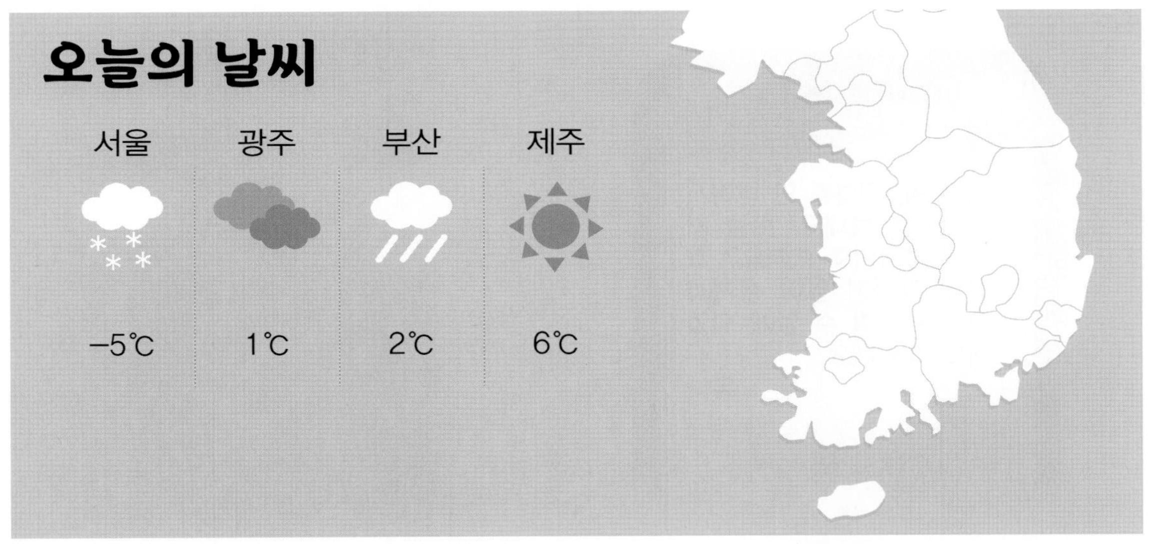

① 부산은 눈이 옵니다.
② 서울이 제일 춥습니다.
③ 광주는 날씨가 흐립니다.
④ 제주는 날씨가 맑습니다.

41.

맛나 식당

김치찌개 8,000원　　된장찌개 8,000원
비빔밥 8,000원　　불고기 9,000원
*밥은 무료입니다.

영업시간: 오전 11:00 ~ 오후 8:00
토요일과 일요일은 쉽니다.

① 음식값이 모두 같습니다.
② 오전 열한 시에 문을 엽니다.
③ 주말에는 문을 열지 않습니다.
④ 음식을 시키면 밥은 공짜입니다.

42.

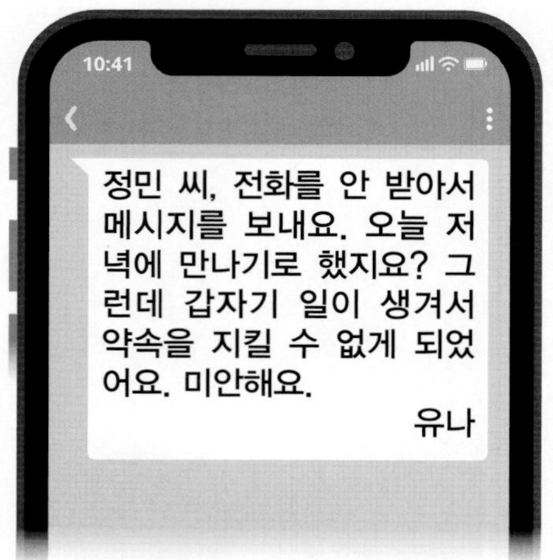

① 정민 씨와 유나 씨는 오늘 만날 겁니다.
② 유나 씨는 일 때문에 약속을 못 지킵니다.
③ 정민 씨는 유나 씨의 전화를 받지 않았습니다.
④ 유나 씨가 정민 씨에게 보내는 문자 메시지입니다.

※ [43~45] 다음을 읽고 내용이 같은 것을 고르십시오.

43. (3점)

저는 축구 경기 보는 것을 좋아합니다. 여름에는 주말마다 축구 경기를 보러 축구장에 갑니다. 겨울에는 외국에서 하는 축구 경기를 텔레비전으로 봅니다.

① 저는 축구를 하는 것을 좋아합니다.
② 여름에 축구를 하러 축구장에 갑니다.
③ 주말마다 축구장에 가서 축구를 합니다.
④ 겨울에는 텔레비전으로 축구 경기를 봅니다.

44. (2점)

요즘 한국 친구와 언어 교환을 합니다. 우리는 일주일에 두 번 커피숍에서 만납니다. 저는 친구에게 영어를 가르쳐 주고 친구는 저에게 한국어를 가르쳐 줍니다.

① 저는 친구와 한 달에 두 번 만납니다.
② 저는 친구에게 영어를 가르쳐 줍니다.
③ 친구는 커피숍에서 아르바이트합니다.
④ 친구는 일주일에 두 번 한국어를 배웁니다.

45. (3점)

지난 주말에 친구와 함께 등산을 했습니다. 예쁜 단풍도 보고 좋은 공기도 마시니까 건강해지는 것 같았습니다. 건강을 위해서 자주 등산을 해야겠습니다.

① 지난 주말에 혼자 산에 갔습니다.
② 산에서 예쁜 단풍을 구경했습니다.
③ 등산하고 나서 기분이 좋아졌습니다.
④ 자주 등산을 하니까 건강해졌습니다.

※ [46~48] 다음을 읽고 중심 내용을 고르십시오.

46. (3점)

제 친구는 그림을 잘 그립니다. 그런데 저는 그림을 잘 못 그립니다. 저도 친구처럼 그림을 잘 그렸으면 좋겠습니다.

① 저는 그림을 잘 그립니다.
② 저는 화가가 되고 싶습니다.
③ 저는 친구를 그리고 싶습니다.
④ 저는 그림을 잘 그리고 싶습니다.

47. (3점)

집 근처에 반찬 가게가 새로 생겼습니다. 반찬이 맛있고 값도 쌉니다. 저는 이 반찬 가게에 자주 가려고 합니다.

① 반찬은 가격이 싸야 합니다.
② 반찬이 맛있으면 좋겠습니다.
③ 새로 생긴 반찬 가게가 마음에 듭니다.
④ 반찬 가게에 반찬이 많았으면 좋겠습니다.

48. (3점)

어머니는 항상 검은색 옷만 입습니다. 저는 어머니가 검은색 옷만 입지 않았으면 좋겠습니다. 그래서 저는 어머니를 위해서 분홍색 옷과 하늘색 옷을 샀습니다.

① 어머니는 검은색 옷만 삽니다.
② 어머니는 하늘색 옷을 샀습니다.
③ 어머니는 분홍색 옷을 좋아하지 않습니다.
④ 어머니가 다른 색 옷도 입었으면 좋겠습니다.

※ [49~50] 다음을 읽고 물음에 답하십시오. (각2점)

저는 전통시장에 자주 갑니다. 전통시장은 백화점이나 슈퍼마켓보다 가격이 쌉니다. 그리고 좋은 사장님을 만나면 물건을 살 때 사장님이 물건을 더 (㉠). 예전에는 주차장이 작아서 조금 불편했지만 요즘은 주차장이 크고 넓어져서 전통시장을 이용하는 것이 편리해졌습니다.

49. ㉠에 들어갈 말로 가장 알맞은 것을 고르십시오.

① 줘도 됩니다
② 주고 싶습니다
③ 주기도 합니다
④ 주면 좋겠습니다

50. 윗글의 내용과 같은 것을 고르십시오.

① 백화점은 조금 불편합니다.
② 전통시장은 주차장이 불편합니다.
③ 슈퍼마켓에는 주차장이 없습니다.
④ 저는 전통시장을 자주 이용합니다.

※ **[51~52] 다음을 읽고 물음에 답하십시오.**

고기를 구워 먹을 때는 채소를 같이 먹어야 합니다. 그러면 채소 때문에 피부가 좋아지고 맛도 좋아집니다. 또 마늘과 양파도 같이 먹으면 좋습니다. 마늘과 양파를 같이 먹으면 구운 고기 때문에 (㉠) 병에 안 걸리게 됩니다. 그래서 한국 사람들은 고기를 구워서 먹을 때 채소에 싸서 먹습니다.

51. ㉠에 들어갈 말로 가장 알맞은 것을 고르십시오. (3점)

① 만들 수 있는 ② 바꿀 수 있는
③ 생길 수 있는 ④ 싸울 수 있는

52. 무엇에 대한 내용인지 맞는 것을 고르십시오. (2점)

① 고기를 구워서 먹는 방법
② 구운 고기 때문에 생기는 병
③ 고기를 먹으면 피부가 좋아지는 이유
④ 고기를 구워 먹을 때 채소를 먹어야 하는 이유

※ [53~54] 다음을 읽고 물음에 답하십시오.

지난 주말에 친구들과 스키장에 갔습니다. 우리 고향에는 겨울이 없어서 눈이 오지 않습니다. 그래서 텔레비전으로 스키장을 본 적은 있지만 스키장에 간 것은 처음입니다. 스키장에는 사람들이 많았습니다. 우리는 스키도 타고 눈싸움도 했습니다. 집에서 텔레비전으로 스키장을 보는 것보다 (㉠) 더 재미있었습니다.

53. ㉠에 들어갈 말로 가장 알맞은 것을 고르십시오. (2점)

① 집으로 가는 것이
② 직접 스키장에 가는 것이
③ 친구 집에 가는 것이
④ 친구와 스키장에 가는 것이

54. 윗글의 내용과 같은 것을 고르십시오. (3점)

① 우리 고향에는 겨울에 눈이 옵니다.
② 스키장에 사람들이 별로 없었습니다.
③ 저는 고향에서 스키장에 가 봤습니다.
④ 우리는 스키장에서 눈싸움을 했습니다.

※ **[55~56] 다음을 읽고 물음에 답하십시오.**

저는 커피를 좋아합니다. 커피를 정말 좋아해서 지금은 커피 전문가가 되었습니다. 저는 이번에 돈을 모아서 작은 (　　　㉠　　　). 우리 가게에서는 제가 만든 커피와 케이크를 팔고 있습니다. 제가 만든 커피를 마시는 손님을 보면 기분이 좋아집니다.

55. ㉠에 들어갈 말로 가장 알맞은 것을 고르십시오. (2점)

① 빵집을 열었습니다
② 커피숍을 열었습니다
③ 식당을 열었습니다
④ 케이크 집을 열었습니다

56. 윗글의 내용과 같은 것을 고르십시오. (3점)

① 저는 커피숍 사장입니다.
② 저는 커피를 매일 마십니다.
③ 저는 커피만 팔고 있습니다.
④ 저는 손님이 많아서 행복합니다.

※ [57~58] 다음을 순서에 맞게 배열한 것을 고르십시오.

57. (2점)

(가) 저는 어릴 때부터 액세서리를 좋아했습니다.
(나) 지금은 액세서리를 만들어서 친구들에게 주기도 합니다.
(다) 그래서 대학에서 액세서리 디자인을 배웁니다.
(라) 졸업 후 유명한 액세서리 회사에서 디자이너로 일하고 싶습니다.

① (가) - (나) - (다) - (라)
② (가) - (다) - (나) - (라)
③ (나) - (라) - (가) - (다)
④ (나) - (라) - (다) - (가)

58. (3점)

(가) 12월 24일에 회사에서 퇴근하고 약속 장소에 갔습니다.
(나) 크리스마스 이브에 친구들과 파티를 하기로 했습니다.
(다) 사실은 친구들이 저를 놀라게 하려고 한 것이었습니다.
(라) 그런데 약속 장소에 아무도 없어서 화가 났습니다.

① (가) - (나) - (라) - (다)
② (가) - (다) - (라) - (나)
③ (나) - (가) - (다) - (라)
④ (나) - (가) - (라) - (다)

※ **[59~60] 다음을 읽고 물음에 답하십시오.**

어제 회사에서 회식을 했습니다. (㉠) 왜냐하면 한국 사람들은 일도 열심히 하고 놀 때도 열심히 놀기 때문입니다. (㉡) 우리는 먼저 고깃집에 가서 술도 마시고 고기도 많이 먹었습니다. (㉢) 그 다음에 노래방에서 노래를 부르고 재미있는 춤을 췄습니다. (㉣) 우리는 노래방에서 아주 많이 웃었습니다. 이 회식은 잊을 수 없을 것 같습니다.

59. 다음 문장이 들어갈 곳으로 가장 알맞은 것을 고르십시오. (2점)

저는 한국 회사에서 하는 회식이 기대가 되었습니다.

① ㉠　　② ㉡　　③ ㉢　　④ ㉣

60. 윗글의 내용과 같은 것을 고르십시오. (3점)

① 저는 한국 회사의 회식이 좋습니다.
② 우리 회사 사람들은 노래를 잘 부릅니다.
③ 한국 사람들은 일보다 회식을 좋아합니다.
④ 우리는 노래방에서 술을 마시고 춤을 췄습니다.

※ [61~62] 다음을 읽고 물음에 답하십시오. (각 2점)

부산에 여행을 갔다가 초등학교 동창을 만났습니다. 우리는 서울에 있는 학교에 다녔기 때문에 부산에서 동창을 (㉠) 더 반가웠습니다. 그 친구는 결혼을 했고 아이도 두 명 있었습니다. 친구는 행복해 보였습니다. 우리는 옛날이야기를 하면서 즐거운 시간을 보냈습니다.

61. ㉠에 들어갈 말로 가장 알맞은 것을 고르십시오.

① 만나려고
② 보니까
③ 말해서
④ 연락할 때

62. 윗글의 내용과 같은 것을 고르십시오.

① 친구는 서울에서 삽니다.
② 저는 아이가 두 명 있습니다.
③ 친구는 부산에서 여행을 했습니다.
④ 저는 친구와 같은 학교를 다녔습니다.

※ [63~64] 다음을 읽고 물음에 답하십시오.

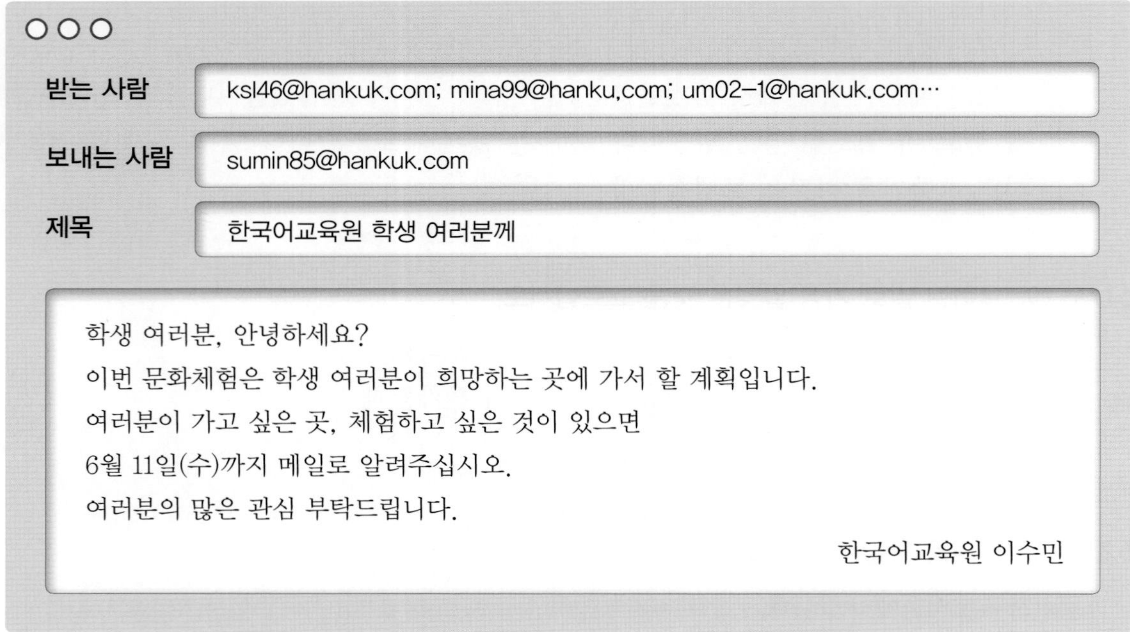

받는 사람: ksl46@hankuk.com; mina99@hanku.com; um02-1@hankuk.com…
보내는 사람: sumin85@hankuk.com
제목: 한국어교육원 학생 여러분께

학생 여러분, 안녕하세요?
이번 문화체험은 학생 여러분이 희망하는 곳에 가서 할 계획입니다.
여러분이 가고 싶은 곳, 체험하고 싶은 것이 있으면
6월 11일(수)까지 메일로 알려주십시오.
여러분의 많은 관심 부탁드립니다.

한국어교육원 이수민

63. 왜 윗글을 썼는지 맞는 것을 고르십시오. (2점)

① 문화체험 신청자를 모집하려고
② 문화체험 신청 기간을 알려주려고
③ 학생들에게 문화체험 장소를 알려 주려고
④ 학생들이 하고 싶어 하는 문화체험을 알아보려고

64. 윗글의 내용과 같은 것을 고르십시오. (3점)

① 6월 11일에 문화체험을 갑니다.
② 이번 문화체험 장소는 아직 모릅니다.
③ 문화체험을 가려면 메일을 보내야 합니다.
④ 신청자가 적으면 문화체험을 갈 수 없습니다.

※ [65~66] 다음을 읽고 물음에 답하십시오.

어제는 한국어수업이 끝나는 날이라서 송별파티를 했습니다. 우리는 각자 음식을 하나씩 (㉠). 음식을 사 온 사람도 있었고 고향 음식을 만들어 온 사람도 있었습니다. 각자 가지고 온 음식이 무엇인지 열어볼 때마다 모두 '와!'라고 했습니다. 가져온 음식이 같은 것도 있었지만 만든 사람이 달라서 맛이 달랐습니다. 정말 재미있는 파티였습니다.

65. ㉠에 들어갈 말로 가장 알맞은 것을 고르십시오. (2점)

① 가지고 와야겠습니다
② 가지고 오기로 했습니다
③ 가지고 오면 좋겠습니다
④ 가지고 온 적이 있습니다

66. 윗글의 내용과 같은 것을 고르십시오. (3점)

① 고향의 음식을 사 먹었습니다.
② 다른 음식이지만 맛이 같았습니다.
③ 각자 음식을 가지고 와서 팔았습니다.
④ 같은 음식을 가지고 온 사람도 있었습니다.

※ [67~68] 다음을 읽고 물음에 답하십시오.

우리 회사는 매년 가을에 운동회를 합니다. 저는 운동을 잘 못하니까 운동을 별로 좋아하지 않습니다. 그렇지만 운동회는 좋아합니다. 운동회를 구경하는 것은 재미있기 때문입니다. 그리고 상품 추첨으로 여러 가지 (㉠) 저는 작년에 노트북 컴퓨터를 받았습니다. 올해 운동회에도 텔레비전, 세탁기, 스마트 폰 등 다양한 상품을 준다고 합니다. 이번에는 어떤 상품을 받을 수 있을지 기대가 됩니다.

67. ㉠에 들어갈 말로 가장 알맞은 것을 고르십시오. (2점)

① 물건을 주는데
② 구경을 하는데
③ 운동을 하는데
④ 상품을 파는데

68. 윗글의 내용과 같은 것을 고르십시오. (3점)

① 우리 회사는 1년에 한 번 운동회를 합니다.
② 저는 운동을 잘 못해서 운동회에 안 갑니다.
③ 저는 작년에 운동회에서 노트북을 싸게 샀습니다.
④ 올해 운동회에서도 여러 가지 상품을 받았습니다.

※ [69~70] 다음을 읽고 물음에 답하십시오. (각 3점)

저는 며칠 전에 좋은 책 한 권을 읽었습니다. 그 책은 할머니가 손자에게 매일 쓴 편지를 책으로 만든 것입니다. 책에서 할머니는 손자에게 책을 많이 읽고 좋은 친구를 많이 사귀라고 합니다. 이런 말은 주위 사람들에게서 많이 들을 수 있지만 듣고 쉽게 잊어버리게 됩니다. 하지만 사랑으로 쓴 편지를 읽으면 (㉠) 편지를 쓴 사람의 마음도 잘 느낄 수 있습니다. 저도 나중에 전하고 싶은 말이 있을 때 이렇게 편지를 써서 보내야겠습니다.

69. ㉠에 들어갈 말로 가장 알맞은 것을 고르십시오.

① 지식도 많아지고
② 책도 만들 수 있고
③ 기억에도 오래 남고
④ 편지도 잘 쓸 수 있고

70. 윗글의 내용으로 알 수 있는 것을 고르십시오.

① 저는 책 읽는 것을 좋아합니다.
② 할머니는 손자에게 좋은 말을 해야 합니다.
③ 좋은 친구를 사귀고 열심히 사는 것이 중요합니다.
④ 마음을 전하고 싶을 때 편지를 쓰는 것이 좋습니다.

문법 표현 101

순번	문법 및 표현	의미(번역)	영어	일본어	중국어	베트남어
1	-(는)군요/-네요	감탄을 나타낼 때 사용한다.	It's used when expressing admiration.	感嘆を表す時に使う。	表示感叹的时候使用。	Dùng trong câu cảm thán
예	한국 음식이 참 맛**있네요.** 한국말을 참 잘하**는군요.**					
2	-ㅂ/습니다 -ㅂ/습니까?	격식적인 상황에서 동사, 형용사와 함께 결합하여 문장을 끝낼 때 사용한다.	In formal situations, it is used in combination with a verb or adjective to end a sentence.	格式を整える状況で動詞、形容詞に結合して文章を終わらせるときに使用する。	在正式场合下，通常与动词、形容词结合在一起来结束句子时使用。	Cấu trúc kết câu thường kết hợp với động từ, tính từ dùng để kết thúc câu nói, được dùng trong trường hợp trang trọng.
예	날씨가 좋**습니다.** 한국어 공부를 **합니까**?					
3	-ㄴ/은 적이 있다 -ㄴ/은 적이 없다	경험을 나타낼 때 사용한다.	It is used when expressing experience.	経験を表す時に使う。	表示经历。	Dùng để diễn tả kinh nghiệm. .
예	김치를 먹**은 적이 있습니다.**					
4	-ㄴ/은 지(+시간)	어떤 일을 시작하고 나서 지난 시간을 나타낼 때 사용한다.	It is used to express time passed after starting certain work.	ある事を始めた後、過ぎた時間を表す時に使う。	表示某事从发生到说话时经历的时间段。	Dùng để diễn tả thời gian kể từ khi bắt đầu công việc nào đó.
예	한국어를 **배운 지** 1년 되었습니다.					
5	-ㄴ/은 후에 -ㄴ/은 다음에	어떤 일의 순서를 나타낼 때 사용한다.	It expresses the following after the end of certain work.	ある事が終わった後を表す。	表示某事结束之后。	Dùng để diễn tả thứ tự của một việc hoặc một hành động nào đó.
예	수업이 끝**난 후에** 식당에 갑니다. 수업이 끝**난 다음에** 식당에 갑니다.					
6	-ㄴ/은/는 데다가	선행절의 정보에 후행절의 정보를 추가할 때 사용한다.	It is used to add information of the succeeding phrase to the preceding phrase.	先行節の情報に後続節の情報を追加する時に使う。	前句提示的情报中叠加后句中将要提示的情报。	Dùng để bổ sung một mệnh đề sau một mệnh dề trước đó.
예	얼굴도 예**쁜 데다가** 성격도 좋습니다. 운동도 잘하**는 데다가** 공부도 잘합니다.					
7	-ㄴ/은/는/ㄹ/을 것 같다	어떤 사실이나 상황을 근거로 추측할 때 사용한다.	It is used to predict with the evidence of some fact or situation.	ある事実や状況を根拠に推測する時に使う。	表示根据某种事实或情况进行推测。	Dùng khi đưa ra phỏng đoán dựa trên một sự thật hoặc một sự kiện nào đó.
예	지금 밖에 비가 오**는 것 같습니다.** 오늘은 어제보다 추**울 것 같습니다.**					

순번	문법 및 표현	의미(번역)	영어	일본어	중국어	베트남어
8	-ㄴ/은/는/ㄹ/을 (+명사)	뒤에 오는 명사를 꾸며주는 표현이다.	This is an expression that modifies the following noun.This is an expression that modifies the following noun.	後ろに来る名詞を修飾する表現である。	修饰紧跟其后的名词。	Dùng để bổ nghĩa cho danh từ theo sau đó.
예	학교에 **예쁜** 꽃이 많습니다. 도서관에서 **공부하는** 학생이 많습니다.					
9	-ㄴ/은/는/ㄹ/을 지	막연한 의문을 나타낼 때 사용한다.	It is used when indicating vague question.	漠然とした疑問を表す時に使う。	感到不明确时候使用。	Thể hiện sự nghi vấn/phỏng đoán mơ hồ không rõ ràng
예	이 음식이 맛이 있**을지** 모르겠습니다. 그 사람이 어디에 사**는지** 압니까?					
10	-니까/으니까	1) 후행절에 대한 이유나 원인을 나타낸다. 2) 선행절을 하고 나서 후행절의 사실을 발견하게 되었을 때 사용한다.	1) It expresses the reason or cause for the following clause. 2) It is used when knowing fact of following clause after doing behavior of preceding clause.	1) 後続節に対する理由や原因を表す。 2) 先行節の行動をしてから、後続節の事実に気付いた時に使う。	1) 表示后半句的理由。 2) 做完前半句后，知道后半句的事实时使用。	1) Thể hiện lý do, nguyên nhân dẫn đến mệnh đề sau đó. 2) Dùng để thể hiện việc phát hiện ra một sự thật được mô tả ở mệnh đề sau sau khi thực hiện mệnh đề trước.
예	추**우니까** 창문을 닫으십시오. 집에 가**니까** 아무도 없었습니다.					
11	-ㄹ/을 수 있다 -ㄹ/을 수 없다	능력이나 가능성을 나타낼 때 사용한다.	It is used when expressing capability or possibility.	能力や可能性を表す時に使う。	表示能力.	Thể khả năng, năng lực.
예	저는 운전을 **할 수 있습니다**. 여기에서는 담배를 **피울 수 없습니다**.					
12	-ㄹ/을 줄 알다 -ㄹ/을 줄 모르다	어떤 일을 하는 방법을 알거나 모를 때 사용한다.	It is used when onedoes or does notknow the way to docertain work.	ある事のする方法を分かるか分からない時に使う。	表示知道或者不知道做某事的方法。	Dùng khi thể hiện việc biết hoặc không biết làm một việc nào đó.
예	한국어를 **할 줄 압니다**.					

순번	문법 및 표현	의미(번역)	영어	일본어	중국어	베트남어
13	-ㄹ/을게요	어떤 일을 할 거라는 약속이나 의지를 나타낼 때 사용한다.	It expresses the promise or will to do certain work.	ある事をするという約束や意思を表す時に使う。	表示要做某事的约定或者意愿。	Diễn tả ý định hoặc lời hứa sẽ làm một việc nào đó.
예	다음에는 제가 **살게요.**					
14	-ㄹ/을까 봐	선행절의 내용을 미리 걱정하여 후행절에서 어떤 행동을 할 때 사용한다.	It is used to do a certain work in the succeeding phrase because in advance the speaker is worried about the preceding phrase.	先行節の内容を前もって心配し、後続節である行動をする場合に使う。	提前担心前句内容发生，而在后句中采取相应行动。	Dùng để thể hiện sự lo lắng đối với mệnh đề trước dẫn đến hành động ở mệnh đề sau.
예	비가 **올까 봐** 우산을 가지고 왔습니다.					
15	-ㄹ/을까 하다	말하는 사람의 약한 의도나 쉽게 바꿀 수 있는 막연한 계획을 말할 때 사용한다.	It is used to describe the speaker's vague intention or plan that can easily be changed.	話し手の弱い意図や簡単に変えられる漠然とした計画を表す時に使う。	用于表达说话者不够强烈的意愿和可能改变的计划。	Thể hiện một ý định mơ hồ hoặc một kế hoạch mơ hồ mà có thể dễ dàng bị thay đổi.
예	방학에 고향에 **갈까 합니다.**					
16	-ㄹ/을까요?	1) 어떤 일을 함께 하자는 의미를 나타낸다. 2) 상대방에게 앞으로의 일에 대해 물어볼 때 사용한다.	1) It expresses a meaning to do certain work together. 2) It is used when speaker questions the event happening in the future to other party.	1) ある事を一緒にしようという意味を表す。 2) 相手にこれからのことを聞く時に使う。	1) 提议共同做某事。 2) 问对方以后做的事情时使用。	1) Dùng khi muốn rủ rê người nghe cùng làm một việc nào đó. 2) Dùng khi muốn hỏi ý kiến người nghe về một việc nào đó sẽ làm sau đó.
예	커피를 마시러 **갈까요?** 내일 날씨가 좋**을까요?**					
17	-ㄹ/을래요	상대방의 의견을 물어볼 때나 앞으로의 일에 대한 자신의 의사를 나타낼 때 사용한다.	It is used when asking for others' opinion or expressing one's opinion for the event happening in the future.	相手の意見を聞く時やこれからの事に対する自分の意思を表す時に使う。	表示询问对方的意见。表示自己接下来想采取什么行动的意志。	Dùng khi hỏi ý kiến người nghe hoặc dùng để thể hiện ý định của người nói về một việc sẽ làm sau đó.
예	뭐 먹**을래요?** 저는 냉면을 먹**을래요.**					

순번	문법 및 표현	의미(번역)	영어	일본어	중국어	베트남어
18	-ㄹ/을수록	선행절의 행동이나 상황이 계속되면서 후행절의 정도가 더해지는 것을 나타낸다.	It is used to express that the degree of the succeeding phrase increases as the action or situation of the preceding phrase continues.	先行節の行動や状況が続くことで、後続節の程度が強くなることを表す。	前句行动或其状况持续，使得后句程度加强。	Thể hiện việc tình trạng/ hành động của mệnh trước kéo dài liên tục thì sẽ dẫn đến mức độ của mệnh đề sau.
예	한국어는 공부**할수록** 재미있습니다.					
19	-(으)러(+가다/오다/다니다)	어떤 일을 하는 목적을 나타낸다.	It expresses the purpose of doing certain work.	ある事をする目的を表す。	表示目的	Thể hiện mục đích của một việc nào đó.
예	과일을 **사러** 시장에 갑니다.					
20	-(으)려고	선행절의 행동이 후행절 행동의 의도나 목적을 나타낼 때 사용한다.	It is used when the behavior of antecedent clause expresses the intention or purpose of behavior of following sentence.	先行節の行動が後続節の意図や目的を表す時に使う。	表示前半句的行动是后半句行动的目的。	Để hiện hành động của mệnh đề trước là ý đồ, mục đích của mệnh dề sau.
예	친구에게 **주려고** 케이크를 만듭니다.					
21	-(으)려면	목적을 이루기 위한 조건이나 방법을 나타낼 때 사용한다.	It is used to express the condition or method to accomplish one's purpose.	目的を果たすための条件や方法を表す時に使う。	表示为实现目的所需的条件和方法。	Thể hiện điều kiện, phương pháp để đạt được mục đích nào đó.
예	시청에 **가려면** 이 버스를 타십시오.					
22	(으)로	어떤 행동의 방향, 수단이나 방법을 나타낼 때 사용한다.	It is used when expressing the direction, method or way of certain behavior.	ある行動の方向、手段や方法を表す時に使う。	表示主语移动的方向。	Thể hiện phương pháp, cách thức, phương hướng của một hành động nào đó.
예	이쪽**으로** 오십시오. 연필**로** 씁니다. 달러를 한국 돈**으로** 바꿉니다.					
23	-ㅁ/음	동사나 형용사를 명사로 만들 때 사용한다.	It is used when making verb or adjective into noun.	動詞や形容詞を名詞に作る時に使う。	把动词或形容词，转化成名词时使用。	Dùng để biến đổi động từ hoặc tính từ thành danh từ.
예	두 시에 회의를 **함**.					

순번	문법 및 표현	의미(번역)	영어	일본어	중국어	베트남어
24	-(으)면	선행절이 뒤의 내용에 대한 조건을 나타낼 때 사용한다.	It's used when the antecedent sentence expresses the condition for the content behind.	先行節が後の内容に対する条件を表す時に使う。	表示后半句的条件。	Dùng để đưa ra điều kiện đối với nội dung của mệnh đề trước.
예	피곤**하면** 좀 쉬십시오. 이 길로 **가면** 일찍 도착할 수 있습니다.					
25	-(으)면 안 되다	금지의 뜻을 나타낼 때 사용한다.	It is used to express the meaning of prohibition.	禁止の意味を表す時に使う。	表示禁止后者不能。	Thể hiện sự cấm đoán
예	도서관에서 큰 소리로 이야기**하면 안 됩니다**.					
26	-(으)면 좋겠다	바람이나 희망을 나타낼 때 사용한다.	It is used to express wish or hope.	願いや希望を表す時に使う。	表示希望和愿望	Thể hiện hy vọng và ước muốn
예	시험에 합격**하면 좋겠습니다**.					
27	-(으)시-	어떤 행동이나 상태의 높임을 나타낸다.	It expresses the honorific form of certain behavior or condition.	ある行動や状態への敬意を表す。	某种行动或者状态的敬语表达方式。	Dạng kính ngữ của động từ hoặc trạng thái nào đó.
예	할아버지께서 책을 읽**으십**니다.					
28	-(이)나	1) 두 개의 명사 중에 한 개를 선택해서 말할 때 사용한다. 2) 보통 생각하고 있던 것보다 많은 수량을 나타낼 때 사용한다. 3) 가볍게 제안할 때 사용한다.	1) It is used when selecting one among two nouns. 2) It is used to express more amount than one is thinking of.	1) 二つの名詞の中で一つを選んで話す時に使う。 2) 一般的に考える量よりも多い量を表す時に使う。	1) 表示从两个名词中选择其一。 2) 表示比想像的数量更多。	1) Dùng khi lựa chọn một trong hai danh từ được nhắc đến. 2) Thể hiện số lượng vượt quá mong đợi của chủ thể hoặc hoặc số lượng đó ở mức cao hơn so với thông thường. 3) Dùng để đề nghị một cách nhẹ nhàng
예	아침에는 빵**이나** 과일을 먹습니다. 동생이 아이스크림을 열 개**나** 먹었습니다. 심심한데 영화**나** 볼까요?					
29	(이)라서/이어서/여서	(명사+)이유를 나타낼 때 사용한다.	It is used to express reason.	理由を表す時に使う。	表示理由	Dùng để thể hiện lý do, nguyên nhân.
예	외국 사람**이라서** 한국어를 잘 못합니다.					

순번	문법 및 표현	의미(번역)	영어	일본어	중국어	베트남어
30	-거나	둘 중에 하나를 선택할 때 사용한다.	It is used when choosing one between two.	二つの中で一つを選択する時に使う。	从两个中选择一个时使用。	Dùng khi lựa chọn một trong hai.
예	주말에는 영화를 보**거나** 쇼핑을 합니다.					
31	-게	형용사와 결합하여 뒤에 오는 동사의 상태나 정도를 설명할 때 사용한다.	It is used to limit the meaning of verb coming behind.	後で来る動詞の意味を限定する時に使う。	修饰后面出现的动词，说明动词的状态。	Dùng kết hợp với tính từ để thể hiện mức độ của động từ theo sau.
예	깨끗하**게** 청소했습니다.					
32	-게 되다	어떤 일이나 상황이 변했을 때 사용한다.	It is used when certain work or condition changed.	ある事が変わった時に使う。	表示某件事的变化。	Thể hiện sự biến đổi, thay đổi của một việc hoặc một tình huống nào đó.
예	중국으로 출장을 가**게 되었습니다**.					
33	-겠-	1) 미래의 일이나 추측을 나타낼 때 사용한다. 2) 말하는 사람의 의지를 나타낼 때 사용한다.	1) It is used to express the prediction or situation in the future. 2) It is used to express the will of the speaker.	1) 未来の事や推測を表す時に使う。 2) 話し手の意思を表す時に使う。	1) 表示对未来事情的推测。 2) 表示话者的意志。	1) Thể hiện phỏng đoán hoặc một việc xảy ra trong tương lai. 2) Thể hiện ý chí, ý định của người nói.
예	내일은 날씨가 맑**겠**습니다. 열심히 공부하**겠**습니다.					
34	-고	1) 두 가지 이상의 행동이나 상태를 대등하게 연결할 때 사용한다. 2) 두 가지 이상의 행동을 시간의 순서대로 나열할 때 사용한다.	1) It is used to evenly connect two or more behavior or conditions. 2) It is used to arrange two or more behavior in a time order.	1) ある二つ以上の行動や状態を対等に繋ぐ時に使う。 2) 二つ以上の行動を時間順番で並ぶ時に使う。	1) 用来连接两个以上对等的行动或者状态。 2) 用来连接时间顺序接连出现的行动。	1) Dùng để nối hai hoặc nhiều hành động, trạng thái, sự việc tương đương nhau. 2) Thể hiện hai hoặc nhiều hành động theo thứ tự thời gian trước sau.
예	교실에 시계도 있**고** 컴퓨터도 있습니다. 밥을 먹**고** 이를 닦습니다.					
35	-고 싶다	말하는 사람이 바라는 것을 말할 때 사용한다.	It is used when talking about the desire of a speaker.	話し手がほしいことを話す時に使う。	用于表达话者想要做的事情。	Thể hiện ước muốn của người nói.
예	시간이 있으면 여행을 가**고 싶습니다**.					

순번	문법 및 표현	의미(번역)	영어	일본어	중국어	베트남어
36	-고 있다	행동이 진행되고 있는 것을 나타낼 때 사용한다.	It is used to express that the behavior is in progress.	行動が進んでいることを表す時に使う。	表示动作正在进行。	Thể hiện hành động đang xảy ra.
예	지금 음악을 듣**고 있습니다**.					
37	-기	동사나 형용사를 명사로 만들 때 사용한다.	It is used when making verb or adjective into noun.	動詞や形容詞を名詞に作る時に使う。	把动词或形容词，转化成名词时使用。	Dùng để biến đổi động từ hoặc tính từ thành danh từ.
예	저는 사진 찍**기**를 좋아합니다.					
38	-기 위해서	선행절이 후행절의 목적을 나타낼 때 사용한다.	It is used when the antecedent clause expresses the purpose of following sentence.	先行節が後続節の目的を表す時に使う。	表示前半句是后半句的目的。	Thể hiện mệnh đề trước là mục đích của mệnh đề sau.
예	여행을 가**기 위해서** 돈을 모읍니다.					
39	-기 전에	선행절의 행동보다 후행절의 행동이 먼저 일어난다는 것을 나타낼 때 사용한다.	It is used when saying that the behavior of following sentence happens earlier than that of antecedent sentence.	先行節の行動より後続節の行動が先に起こるということを話す時に使う。	表示后半句的行动早于前半句发生。	Thể hiện hành động của mệnh đề sau xảy ra trước hành động của mệnh đề trước.
예	밥을 먹**기 전**에 손을 씻습니다.					
40	-기로 하다	결심이나 계획을 말할 때 사용한다.	It is used to talk about a decision or plan.	決心や計画を話す時に使う。	表达决心或计划	Thể hiện quyết tâm hoặc kế hoạch.
예	매일 아침에 운동을 하**기로 했습니다**.					
41	까지	어떤 일이 끝나는 지점을 나타낸다.	It expresses the end of certain work.	ある事が終わる時点を表す。	表示某事结束的时点或地点。	Thể hiện thời điểm kết thúc của một việc việc nào đó.
예	새벽 두 시**까지** 공부를 했습니다.					
42	께	어떤 행위의 대상을 나타내며 높임의 의미가 있다.	It expresses a subject and has a meaning of honorific.	対象を表し、敬意の意味がある。	表示某行动的对象（尊敬体）。	Là trợ từ ở dạng kính ngữ đối với đối tượng của hành động nào đó.
예	어제 어머니**께** 전화를 드렸습니다.					

순번	문법 및 표현	의미(번역)	영어	일본어	중국어	베트남어
43	께서	문장의 주어를 나타낼 때 사용하며 높임의 의미가 있다.	It is used when expressing subject, and it is always used in the meaning of honorific.	主語を表す時に使い、常に敬意の意味がある。	表示某事的起点	Là trợ từ ở dạng kính ngữ đối với chủ ngữ của câu văn.
예	할아버지**께서** 주무십니다.					
44	–나 보다 –ㄴ/은가 보다 인가 보다	어떤 사실이나 상황을 근거로 추측할 때 사용한다.	It is used to guess about something based on certain fact or situation.	ある事実や状況を根拠に推測する場合に使う。	根据某个事实或状况为依据进行推测。	Dùng khi đưa ra phỏng đoán dựa trên một sự thật hoặc một sự kiện nào đó.
예	밖에 비가 오**나 봅니다.** 친구가 많이 피곤**한가 봅니다.** 저 사람이 한국 사람**인가 봅니다.**					
45	–는 대로	'어떤 일을 하고 바로'라는 의미를 나타낸다.	It means to do something as soon as something is done.	ある事をしてからすぐという意味を表す。	做完某件事以后马上的意思。	Thể hiện ý nghĩa "làm hành động trước xong rồi ngay lập tức làm hành động sau"
예	도착하**는 대로** 전화해 주십시오.					
46	–다가	어떤 일을 하는 도중에 그 일을 멈추고 다른 일을 할 때 사용한다.	It is used that something is done on the way while stopping the previous action.	ある事をしている途中で、その事を止めて、他の事をする場合に使う。	某件事情进行过程中，暂且放下而着手做另外一件事情。	Thể hiện ý trong lúc đang làm một việc nào đó thì dừng lại và thực hiện hành động khác.
예	영화가 재미없어서 보**다가** 나왔습니다.					
47	–던(+명사)	뒤에 오는 명사를 꾸며주며 회상을 나타낸다.	It modifies a noun that follows after and indicates a reminiscence.	後ろに来る名詞を修飾し、回想を表す。	修饰紧跟其后的名词表示回忆。	Dùng để hồi tưởng và bổ nghĩa cho danh từ đi theo sau đó.
예	아버지가 타시**던** 자동차를 제가 탑니다.					
48	도	다른 것과 마찬가지일 때 사용한다.	It is used when other things are the same.	他のものと同様である時に使う。	表示相同	Diễn tả ý nghĩ giống với một cái gì đó khác.
예	형은 키가 큽니다. 동생**도** 키가 큽니다.					

순번	문법 및 표현	의미(번역)	영어	일본어	중국어	베트남어
49	동안 -는 동안	어떤 행동이나 상태가 계속되는 시간을 나타낸다.	It expresses the time during which certain behavior or situation is continued.	ある行動や状態を続ける時間を表す。	表示某种行动或者状态持续的时段。	Diễn tả khoảng thời gian mà một trạng thái hoặc một hành động được duy trì.
예	방학**동안** 아르바이트를 했습니다. 친구를 기다리**는 동안** 책을 읽습니다.					
50	(의문사+)든지	어떤 것을 선택하는데 무엇을 선택해도 괜찮을 때 사용한다.	It is used in a situation that using either is fine.	何かを選ぶ時に、どれを選んでもよい場合に使う。	需要做出选择的时候，不管选哪个都可以的时候使用。	Diễn tả việc lựa chọn một cái gì đó nhưng dù chọn cái nào đi nữa thì cũng không sao cả.
예	모르는 것이 있으면 언제**든지** 전화하십시오.					
51	때 -ㄹ/을 때	어떤 일을 하는 시간이나 상황을 나타낸다.	It expresses the time or situation to do certain work.	ある事をする時間や状況を表す。	表示‘做某事时’或者‘做某事的情况下’。	Diễn tả thời điểm hoặc tình huống mà việc nào đó xảy ra.
예	방학 **때** 무엇을 합니까? 아**플 때** 가족이 보고 싶습니다.					
52	때문에 -기 때문에	어떤 행동이나 상황에 대한 이유를 나타낸다.	It expresses the reason for certain behavior or situation.	ある行動や状況に対する理由を表す。	说明理由	Diễn tả nguyên nhân của một tình huống hoặc hành động nào đó.
예	날씨 **때문에** 비행기가 늦게 도착했습니다. 음식이 맛있**기 때문에** 손님이 많습니다.					
53	마다	'각각이 모두'의 의미를 나타낸다.	It expresses the meaning of 'each, all'.	それぞれ全部の意味を表す。	表示"每，个"的含义。	Được hiểu là "mỗi loại trong tất cả các loại"
예	사람**마다** 성격이 다릅니다.					
54	만	다른 것은 포함하지 않고 앞에 오는 명사를 한정해서 말할 때 사용한다.	It is used to speak by limiting noun coming front and not including other things.	他のものは含まず、前に来る名詞を限定し、話す時に使う。	表示不包含别的，只限定于前面的名词。	Diễn tả hạn định chỉ một danh từ nào đó mà không bao gồm những cái khác.
예	바빠서 밥은 못 먹고 우유**만** 마셨어요.					
55	(시간+)만에	어떤 일이 다시 이루어지기까지의 기간을 나타낸다.	It expresses the duration of an event happening again.	あることが再び起きるまでの期間を表す。	表示把已经完成的事，再度完成时产生的期间。	Diễn tả khoảng thời gian mà một hành động nào đó lại xảy ra lần nữa.
예	10년 **만에** 만나서 더 반가웠습니다.					

순번	문법 및 표현	의미(번역)	영어	일본어	중국어	베트남어
56	만큼	정도가 비슷함을 나타낸다.	It is used to show the similarity in size.	対象の事柄と程度が同じくらいであることを表す。	表示程度相似	Diễn tả mức độ tương tự
예	우리 아이가 벌써 아빠**만큼** 컸습니다.					
57	못	어떤 일을 할 수 없다는 것을 나타낸다.	It expresses an impossibility of an action	不可能なことを表す。	表示不能做某事	Diễn tả việc không thể hoặc không có khả năng làm một việc gì đó.
예	한국어는 잘 하지만 중국어는 **못** 합니다.					
58	밖에 (+부정)	오직 그것뿐임을 나타낸다.	It is used to indicate that there is only that person/matter remaining.	ただそれだけであることを表す。	表示只有唯一。	Diễn tả ý chỉ có duy nhất
예	한국어**밖에** 할 줄 모릅니다.					
59	보다	어떤 대상을 비교하여 말할 때 사용한다.	It's used when comparing certain objects.	ある対象を比べて話す時に使う。	表示比较	Sử dụng khi so sánh với đối tượng nào đó.
예	형이 저**보다** 키가 큽니다.					
60	부터	어떤 일이 시작되는 지점을 나타낸다.	It expresses the start point of certain work.	ある事が始まる時点を表す。	表示某事的起点	Thể hiện thời điểm mà một việc nào đó được bắt đầu
예	수업은 9시**부터** 합니다.					
61	-아/어 놓다(두다)	어떤 행동을 미리 한 상태가 지속되는 것을 나타낸다.	It is used when certain action continues after being finished.	ある行動を前もってした状態が持続することを表す。	已经结束的某种行为，其状态仍然持续。	Diễn tả trạng thái được duy trì sau khi hành động nào đó đã được thực hiện xong trước đó.
예	회의 자료를 준비**해 놓았습니다**.					
62	-아/어 보다	1) 경험을 나타낼 때 사용한다. 2) 시도를 나타낼 때 사용한다.	1) It is used to express experience. 2) It is used to express an attenpt.	1) 経験を表す時に使う。 2) 試しを表す時に使う。	1) 表示有过某种经历。 2) 表示某种试图。	1) Thể hiện kinh nghiệm 2) Thể hiện sự thử nghiệm
예	저는 제주도에 **가 봤습니다**. 한 번 입**어 보세요**.					
63	-아/어 보이다	어떤 것을 본 후의 느낌을 나타낸다.	It is expresses one's feeling after seeing something.	あるものを見てからの感想を表わす。	表示过目后的感想。	Thể hiện cảm giác sau khi nhìn thấy một điều gì đó.
예	검은색 옷을 입으니까 날씬**해 보입니다**.					

순번	문법 및 표현	의미(번역)	영어	일본어	중국어	베트남어
64	-아/어 있다	어떤 일이나 변화가 끝난 후에도 그 상태가 계속 유지되거나 결과가 지속되는 것을 나타낸다.	It is used to express a certain condition or result is continued after an action or change has been completed.	ある行為を終えた後にもその状態がずっと維持されたり、その結果が持続することを表す。	表示某件事情或变化结束以后，其状态仍然在持续或者其结果仍在继续。	Thể hiện trạng thái hoặc kết quả của một việc nào đó vẫn còn được duy trì mặc dù việc đó đã kết thúc hoặc thay đổi.
예	교실에 학생들이 앉**아 있습니다**.					
65	-아/어 주다	다른 사람을 위해서 어떤 행동을 할 때 사용한다.	It is used when doing certain work for other people.	他人のため、ある行動をする時に使う。	表示为了别人做某事。	Diễn tả hành động được thực hiện vì một người nào đó.
예	아이에게 그림을 **그려 주었습니다**.					
66	-아/어도	선행절의 사실을 인정하지만 그것이 후행절에 영향을 주지 않을 때 사용한다.	It is used to recognize preceding phrase's fact but it does not affect the succeeding phrase's context.	先行節の事実を認めるが、それが後続節の内容に影響を与えない場合に使う。	承认前句事实，但这不影响后句内容。	Diễn tả việc nhận định sự thật của mệnh đề trước nhưng việc đó không làm ảnh hưởng đến mệnh đề sau.
예	비가 **와도** 등산을 갑니다.					
67	-아/어도 되다	어떤 일을 허락하거나 상황이 괜찮을 때 사용한다.	It is used when permitting certain event or situation is fine.	ある事を許諾するか、状況がいい時に使う。	表示允许做某事或者情况无大碍。	Diễn tả việc chấp nhận một tình huống nào đó hoặc đồng ý với một việc nào đó.
예	여기에서 담배를 피**워도 됩니다**.					
68	-아/어야 하다/되다	어떤 일을 하는 것이나 상태가 꼭 필요할 때 사용한다.	It is used when a condition or doing certain work is necessary.	ある事や状況が必ず必要な時に使う。	表示必须做某事或者保持某种状态。	Diễn tả sự cần thiết của một trạng thái nào đó hoặc phải làm một hành động nào đó.
예	운전을 하려면 면허증이 있**어야 합니다**.					
69	-아/어야겠다	필요한 어떤 일을 할 거라는 의지를 나타낸다.	It expresses will to do certain necessary work.	ある必要な事をするという意思を表す。	表示必须做某事的意志。	Thể hiện ý chí, ý định sẽ làm một việc cần thiết nào đó.
예	날마다 운동을 해**야겠습니다**.					

순번	문법 및 표현	의미(번역)	영어	일본어	중국어	베트남어
70	–아/어지다	1) 상태의 변화를 나타낸다. 2) 주어가 직접 행동을 한 것이 아니라 다른 것에 의해서 그런 상황이 될 때 사용한다.	1) It is used to express the change in condition. 2) It is used when something is not done directly by the subject but done by something else.	1) 状態の変化を表す。 2) 主語が直接行動をしたわけではなく、他によってそのような状況になる時に使う。	1) 表示状态变化。 2) 不是由文中主语直接为之而是诱使他人为之。	1) Thể hiện sự thay đổi, biến đổi của một trạng thái nào đó. 2) Thể hiện một tình huống có sự thay đổi nhưng không phải do hành động trực tiếp chủ ngữ mà bởi vì một điều khác.
예	봄이 되니까 날씨가 따뜻**해졌습니다**. 갑자기 불이 **꺼졌습니다**.					
71	–아/어하다	다른 사람의 감정을 나타낼 때 사용한다.	It is used when expressing others' feeling.	他人の感情を表す時に使う。	陈述别人的感觉或者感情。	Sử dụng khi thể hiện tình cảm của một người khác.
예	어머니가 강아지를 귀여**워합니다**.					
72	–아서/어서	이유나 순서를 나타낼 때 사용한다.	It is used to express reason or order.	理由や順序を表す時に使う。	表示理由。表示顺序	Thể hiện nguyên nhân hoặc thứ tự.
예	배가 아**파서** 병원에 갔습니다. 시장에 가**서** 사과를 삽니다.					
73	–아요/어요	비격식적인 상황에서 동사, 형용사와 함께 결합하여 문장을 끝낼 때 사용한다.	It is used when speaking thought or fact of the present.	現在の考えや事実を話す時に使う。	表示现在的想法或者事实。	Cấu trúc kết câu thường kết hợp với động từ, tính từ dùng để kết thúc câu trong trường hợp thân mật, không trang trọng.
예	날씨가 좋**아요**. 동생이 김치를 잘 먹**어요**.					
74	안	어떤 행동이나 상태를 부정할 때 사용한다.	It is used when denying certain behavior or condition.	ある行動や状態を否定する時に使う。	否定某种行动或者状态。	Dùng để phủ định một tình huống hoặc hành động nào đó.
예	방학이라서 요즘 **안** 바빠요.					
75	–았/었–	과거의 생각이나 사실을 말할 때 사용한다.	It is used when talking about thought or fact of the past.	過去の考えや事実を話す時に使う。	表示过去的想法或者事实。	Thể hiện sự thật hoặc suy nghĩ trong quá khức.
예	어제 오랜만에 고향 음식을 먹**었**습니다.					

순번	문법 및 표현	의미(번역)	영어	일본어	중국어	베트남어
76	–았/었다가	어떤 일이 완전히 끝난 후 상반되는 일이 발생했을 때 사용한다.	It is used when something else takes place that drastically contrasts with something that happened before.	ある事が完全に終わった後、相反する事が発生した場合に使う。	某件事情完全结束以后，发生相反的事情。	Diễn tả việc phát sinh ra tình huống đối lập với một việc đã hoàn toàn kết thúc trước đó.
예	창문을 열**었다가** 추워서 닫았어요.					
77	–았/었던(+명사)	뒤에 오는 명사를 꾸며주며 회상을 나타낸다.	It modifies a noun that follows after and indicates a reminiscence.	後ろに来る名詞を修飾し、回想を表す。	修饰紧跟其后的名词表示回忆。	Dùng để hồi tưởng và bổ nghĩa cho danh từ đi theo sau đó.
예	이 책은 중학교 때 공부**했던** 책이에요.					
78	얼마나 –ㄴ/은/는지 모르다	어떤 사실이나 상황의 정도가 대단함을 강조할 때 사용한다.	It is used to emphasize the greatness of the degree of the fact or situation.	ある事実や状況のすごさを強調する場合に使う。	强调某事实或其状况程度相当。	Dùng để nhấn mạnh mức độ to lớn hoành tráng của tình huống hoặc sự thật nào đó.
예	그 영화를 봤는데 **얼마나** 재미있**는지 몰라요.**					
79	에	명사 뒤에 붙어서 어떤 사물이 존재하는 장소나 시간을 나타낸다.	It is put behind noun and expresses the place or time certain object is existing.	名詞の後について、ある物が存在する場所や時間を表す。	用在名词后，表示某事物存在的场所。	Đặt dau danh từ để thể hiện địa điểm hoặc thời gian mà sự vật nào đó tồn tại.
예	도서관**에** 갑니다. 친구들과 두 시**에** 만났어요.					
80	에 대해서	'대상'을 나타낸다.	It indicates the 'subject'.	対象を表す。	表示对象	Thể hiện ý nghĩa như là "đối tượng"
예	한국 역사**에 대해서** 관심이 많습니다.					
81	에다가	어떤 행동의 대상이 되는 장소를 나타낸다.	It is used to indicate the place where certain action is taking place.	ある行動の対象になる場所を表す。	表示某个行为对象的场所。	Thể hiện địa điểm mà hành động nào đó được thực hiện
예	과일은 냉장고**에다가** 넣으세요.					

순번	문법 및 표현	의미(번역)	영어	일본어	중국어	베트남어
82	에서	1) 어떤 행동을 하는 장소를 나타낼 때 사용한다. 2) 시작점이나 출발점을 나타낸다.	1) It is used when expressing places to do certain behaviors. 2) It indicates a starting point or starting point.	1) ある行動をする場所を表す時に使う。 2) 始発点や出発点を表す。	1) 表示某种行动发生的场所。 2) 表示起点或出发点。	1) Thể hiện địa điểm thực hiện hành động nào đó. 2) Thể hiện điểm xuất phát hoặc nơi bắt đầu.
예	운동장**에서** 축구를 합니다. 저는 미국**에서** 왔습니다.					
83	와/과	1) 두 개 이상의 대상을 대등하게 연결할 때 사용한다. 2) 어떤 행동이나 일을 함께하는 대상임을 나타낼 때 사용한다.	1) It is used when connecting two or more objects equally. 2) It is used to express that it is the subject to do certain work or behavior together.	1) 二つ以上の対象を対等に繋ぐ時に使う。 2) ある行動や事を一緒にしている対象であることを表す時に使う。	1) 连接两个以上的对象。 2) 表示一起采取某种行动的人或者物。	1) Dùng để nối hai hoặc nhiều đối tượng tương đồng nhau. 2) Thể hiện ý cùng nhau làm một việc gì đó hoặc một hành động nào đó.
예	시장에서 사과**와** 배를 샀습니다. 친구**와** 영화를 봤습니다.					
84	은/는	주제를 나타냄	It is used when talking about something.	ある事について話す時に使う。	针对某事物进行说明。	Thể hiện chủ đề.
예	제주도**는** 한국에서 유명한 관광지입니다.					
85	–ㄴ/은데 –는데	선행절이 후행절의 상황적 배경이 될 때 사용한다.	It is used when the antecedent sentence becomes the situational background of the following sentence.	先行節が後続節の状況的背景になる時に使う。	前半句和后半句内容对照时使用。	Dùng khi mệnh đề trước là bối cảnh tình huống của mệnh đề sau.
예	배가 고**픈데** 밥 먹으러 갈까요? 시장에 갔**는데** 사람이 많았습니다.					
86	을/를	목적어를 나타낼 때 사용한다.	It is used to express object.	目的語を表す時に使う。	表示宾语时使用。	Dùng để chỉ ra tân ngữ trong câu.
예	한국 사람은 김치**를** 날마다 먹습니다.					
87	의	명사가 명사를 수식할 때 사용한다.	It is used when a noun modifies a noun.	名詞が名詞を修飾する時に使う。	名词修饰名词时使用。	Dùng khi danh từ bổ nghĩa cho danh từ.
예	친구**의** 책을 빌렸어요.					

순번	문법 및 표현	의미(번역)	영어	일본어	중국어	베트남어
88	이/가	주어를 나타낼 때 사용한다.	It is used when expressing subject.	主語を表す時に使う。	主语标志	Dùng để thể hiện chủ ngữ trong câu.
예	하늘**이** 파랗습니다.					
89	이/가 아니다	명사를 부정할 때 사용한다.	It is used when denying a noun.	名詞を否定するときに使用する。	否定名词时使用。	Dùng để phủ định danh từ.
예	저는 선생님**이 아닙니다.**					
90	이다	명사와 결합하여 명사를 지정하거나 형용사처럼 활용할 때 사용한다.	It is used when combining with a noun to designate a noun or to use it as an adjective.	名詞と結合して名詞を指定したり、形容詞のように活用させるときに使用する。	通常与名词结合以指定名词或像形容词一样活用时使用。	Kết hợp với danh từ để chỉ định ra danh từ hoặc có thể sử dụng như một tính từ.
예	이것은 책**이다.** 이것은 책**이고** 저것은 공책입니다.					
91	중 -는 중	동작의 진행을 나타낼 때 사용한다.	It is used to express the progress of a behavior.	動作の進行を表す時に使う。	表示动作进行	Thể hiện quá trình của hoạt động.
예	회의 **중**에 전화가 왔습니다. 회의하**는 중**에 전화가 왔습니다.					
92	-지 말다	'금지'를 나타낸다.	It expresses 'prohibition'.	禁止を表す。	表示禁止	Thể hiện sự cấm đoán
예	큰 소리로 이야기하**지 마세요.**					
93	-지 못하다	어떤 일을 할 수 없다는 것을 나타낸다.	It expresses the impossibility of doing certain work.	不可能なことを表す。	表示不能做某事	Thể hiện việc không thể hoặc không có khả năng làm việc gì đó.
예	일이 있어서 오늘은 만나**지 못합니다.**					
94	-지 않다	어떤 행동이나 상태를 부정할 때 사용한다.	It is used to deny certain behavior or condition.	ある行動や状態を否定する時に使う。	期望得到听者肯定回答的问句。	Dùng để phủ định một trạng thái hoặc một hành động nào đó.
예	저는 고기를 먹**지 않습니다.**					
95	-지 않으면 안 되다	당위나 의무를 나타낼 때 사용한다.	It is used to indicate reason or obligation.	当為や義務を表す時に使う。	表示义务	Thể hiện nghĩa vụ hoặc sự hiển nhiên.
예	병이 나으려면 이 약을 먹**지 않으면 안 됩니다.**					

순번	문법 및 표현	의미(번역)	영어	일본어	중국어	베트남어
96	–지만	선행절과 후행절의 내용이 서로 반대될 때 사용한다.	It is used when the contents of antecedent and following sentences are in contrast.	先行節と後続節の内容が相反している時に使う。	前半句和后半句内容对立时使用。	Thể hiện sự đối lập giữa mệnh đề trước và mệnh đề sau.
예	아빠는 키가 크**지만** 저는 키가 작아요.					
97	지요?	확인하며 물을 때 사용한다.	It is used to check a fact.	確認する時に使う。	确认时使用	Sử dụng khi hỏi để xác nhận lại thông tin.
예	오늘이 수요일**이지요**?					
98	처럼/같이	어떤 것과 비슷하거나 같다는 것을 나타낼 때 사용한다.	It is used to express the similarity.	あるものと似ていることを表す時に使う。	表示和某事物相似。	Thể hiện việc giống nhau hoặc tưởng tự với một cái gì đó.
예	경치가 그림**처럼** 아름답습니다. 한국 사람**같이** 한국말을 잘합니다.					
99	하고/(이)랑	두 개 이상의 대상을 대등하게 연결할 때 사용한다.	It is used when connecting two or more things equally.	二つ以上の対象を対等に繋ぐ時に使う。	表示某个行动的对象。	Dùng để nối hai hoặc nhiều đối tượng tương đương nhau.
예	냉장고에 사과**하고** 우유가 있어요. 친구**랑** 영화를 보고 왔어요.					
100	한테/에게	대상을 나타낼 때 사용한다.	It is used to express a subject.	対象を表す時に使う。	表示某行动的对象。	Dùng để xác định đối tượng
예	저는 어제 동생**한테** 전화를 걸었어요.					
101	한테서/에게서	행위의 근원을 나타낼 때 사용한다.	It is used to indicate the root of an act.	行為の源を表す時に使う。	表示行为的根源	Dùng để chỉ ra nguồn gốc của hành vi
예	저는 친구**한테서** 생일선물로 장갑을 받았어요.					

정답

Part 1 유형편

유형 1-1 연습문제 P.13

1. ② 2. ① 3. ④ 4. ② 5. ① 6. ④ 7. ② 8. ③ 9. ④ 10. ③

유형 1-2 연습문제 P.16

1. ③ 2. ④ 3. ④ 4. ③ 5. ① 6. ① 7. ④ 8. ③ 9. ②

유형 1-3 연습문제 P.22

1. ③ 2. ① 3. ③ 4. ① 5. ④ 6. ① 7. ② 8. ④

유형 2 연습문제 P.25

1. ② 2. ③ 3. ④ 4. ③ 5. ④ 6. ① 7. ④ 8. ③ 9. ② 10. ②

유형 3 연습문제 P.27

1. ④ 2. ④ 3. ③ 4. ④ 5. ① 6. ③ 7. ① 8. ④

유형 4 연습문제 P.31

1. ③ 2. ② 3. ② 4. ① 5. ③ 6. ④

유형 5-1 연습문제 P.35

1. ③ 2. ③ 3. ① 4. ④

유형 5-2 연습문제 P.37

1. ① 2. ② 3. ② 4. ①

유형 5-3 연습문제 P.40

1. ④ 2. ① 3. ② 4. ④

유형 6 연습문제 P.43

1. ④ 2. ① 3. ② 4. ④

유형 7 연습문제 P.46

1. ③ 2. ④ 3. ② 4. ③

유형 8 연습문제 P.49

1. ④ 2. ④ 3. ③ 4. ④

유형 9 연습문제 P.53

1. ③ 2. ③ 3. ② 4. ④

Part 2 주제편

주제1 인물 P.56

1. ④

My uncle resides in a foreign country. My father often longed for him as he was living so far away. However, two days ago, my uncle made a trip to Korea. He brought with him an abundance of gifts for our family. That day, my father and uncle shared conversations late into the night.

2. ①

I am currently living with a friend from abroad in a dormitory. Initially, I was not close to him due to his intimidating demeanor. However, I soon discovered that he was quite fun and shared similar hobbies with me. We often go shopping and play basketball together. Over time, we have become very close friends.

3. ④

My elder sister is a year older than me. We usually get along quite well. However, there are times when my sister doesn't communicate with me and wears my clothes to go out. Consequently, we often end up fighting. But, from today onwards, we've decided to cease our quarrels.

4. ③

The kimchi at our home was made by my maternal grandmother. She lives in the countryside. Whenever she prepares kimchi or side dishes, she sends them over to our house. But as she's grown older, preparing these dishes has become difficult for her. My wish is for her to live a long and healthy life.

5. ③

My brother was a taekwondo athlete. He even had the experience of participating in the Olympics. He achieved good results in various competitions. (㉠), last year, he was injured during practice and could no longer continue his athletic pursuits. Now, he teaches taekwondo to children at an academy.

6. ④

I joined a company as a new employee last month. I made mistakes frequently because (㉠). Generally, employees experience a lot of stress in the workplace because of their senior colleagues. But I met a great senior colleague, so I haven't been feeling stressed and am settling in well. In the future, I aspire to be a supportive senior colleague to newcomers.

7. ④

My husband and I first met at university. Back then, both of our houses were close, so we could meet often. However, after graduating from university, I moved, so we couldn't see each other frequently. (㉠) we kept in touch and got married last year. Now that we're married, we can see each other every day, which brings me immense happiness.

8. ③

My younger sister has a very bright personality. When my sister is happy, they dance and sing in front of our parents. This also makes our parents happy and they laugh heartily. I have a quiet personality, so I envy my sister's character. I wish I could (㉠) like my sister.

9. ④

Today is the day my nephew graduates from middle school. When I was young, I always ate Jajangmyeon (black bean sauce noodles) on graduation day. So, today I plan to buy Jajangmyeon and Tangsuyuk (sweet and sour pork) for my nephew. I hope my nephew likes the food I buy.

10. ④

After work, I attend an academy to learn Korean. As I work during the day, I feel tired after work. However, my Korean teacher makes the classes enjoyable, so I go to the academy every day. I laugh because of my Korean teacher, which helps relieve stress. In the future, I hope to become a fun Korean teacher.

11. ④

My father is Korean and my mother is Japanese. (㉠) A long time ago, my mother came to Korea as an exchange student and met my father. They ended up getting married. (㉡) Both of them like Korean food and have compatible personalities. (㉢) Occasionally, when there's a soccer match between Korea and Japan, they fight each other in their own languages. (㉣)

However, I like seeing them like that.

12. ③

(가) My daughter has a weak body and poor health.
(나) Therefore, we moved to the countryside.
(다) I have a daughter.
(라) After moving, my daughter's health improved.

P.68

1. ④

I run a small restaurant. Our place is busiest during lunchtime. This is because office workers from nearby companies come to eat stew. Kimchi stew and soybean paste stew are the most popular menu items at our restaurant. Seeing our customers enjoy their food brings me happiness.

2. ③

I remember when our house caught fire when I was a child. Firefighters came and put out the fire, helping our family. Since then, I studied hard and exercised with the goal of becoming a firefighter. I recently passed the firefighter exam. Now that I am a firefighter, I will be able to help many people.

3. ④

I travel to people's houses to fix refrigerators. When I first started this job, it was difficult because I was shy to talk to people. But when I hear words of gratitude for fixing their refrigerators, I feel good. So now, I really enjoy this job.

4. ①

When I was young, I rode an airplane and saw a beautiful flight attendant. She was so pretty that I wanted to become a flight attendant just like her. Therefore, I exercised to maintain my weight and studied foreign languages hard. Now, I have become a flight attendant. It's fun when little girls look at me while working, it reminds me of my childhood.

5. ③

Professional gamers are players who compete with people from various countries around the world through computer games. As the market for computer gaming competitions grows, the popularity of professional gamers is also increasing. Thus, being a professional gamer has become a (㉠) job for many children nowadays.

6. ①

I am a person who tells people about the weather in advance. Because the weather keeps changing, it is convenient to know the weather in advance through (㉠) the weather forecast. I cannot always accurately predict the weather, but I love my job because it helps people.

정답

7. ②

Our pharmacy is located in front of the hospital. Typically, after seeing the doctor, people come to our pharmacy. (㉠) I dispense the medication. However, some individuals come directly to me for advice on treating their ailments without visiting the hospital. It's essential to see a doctor when you're sick.

8. ①

When the seasons change, many people catch a cold and visit the hospital. As I work in the hospital, I often see people waiting for a long time. Some people leave because they don't have time. But if you get a flu shot before you catch a cold, you don't need to come to the hospital. Some people (㉠) to get a flu shot in advance.

9. ④

I am a sanitation worker who cleans up trash. People dislike my job because of the smell and dirt from the trash. But there are occasionally people who thank me. Even though people dislike this job, someone has to do it. Therefore, I plan to continue doing this job.

10. ④

Although pizza is an Italian food, Korean pizzas are a bit different. In Korea, we have galbi pizza, bulgogi pizza, and kimchi pizza, which do not exist in Italy. Sometimes, I also make pizzas with new flavors. My dream is to make delicious and healthy pizzas that everyone loves.

11. ②

A journalist is someone who provides information and news to people. (㉠) When delivering information or news, it is more important to provide correct information or news rather than fast. (㉡) Fake news creates serious social problems. (㉢) Therefore, when looking at news or articles on the Internet, it is essential to check whether the information is correct. (㉣)

However, there are too many false information on the internet these days.

12. ④

(가) You can only catch squids by going out to sea at night.
(나) Therefore, squid boats have bright lights.
(다) This is because squids are attracted to the light.
(라) I am a fisherman who catches squid by boat.

주제3 취미 P.78

1. ③

I enjoy watching Korean dramas. The actors in Korean dramas are impressive, and the plot is always intriguing. This is why I watch them almost daily. My parents weren't previously interested in Korean dramas, but due to my influence, they have now come to like them.

2. ③

One of my hobbies is drawing comics. I've loved comics since I was a child. When I draw comics, it feels like I'm living in the comic world. Nowadays, drawing comics on a computer is easier than before, which I find beneficial. I plan to draw an interesting comic and show it to my friends.

3. ②

I make sure to go on an overseas trip at least once a year. Usually, I start saving money for it a year in advance. Once I've saved enough, I take a vacation from work and embark on the trip. I enjoy taking pictures with people and buying postcards during my trips. When I look at the postcards and photos I've collected, it brings back pleasant memories.

4. ①

Shopping is another hobby of mine, particularly buying clothes. I mostly buy a lot of clothes when the season changes. In order to keep up with this year's fashion trends, I frequently watch TV or read magazines. That's why my friends always want to go shopping with me.

5. ④

Cooking at home brings me the most joy. I feel happy when my family enjoys the food I prepare. However, these days, people prefer to order food through their smartphones. Eating food delivered via smartphones (㉠) is not good for your health. It's best to prepare meals for your loved ones.

6. ④

I've never been good at dancing since I was a child. But I love to dance, so I learned it at a dance academy. Dancing is (㉠) good for your health. Even though I initially wasn't good at dancing, I've improved over time. I plan to start a dance group with others who also enjoy dancing.

7. ③

I enjoy watching movies alone. There are many advantages to watching movies by myself. When watching a sad movie, I can cry freely, and when watching a funny movie, I can laugh out loud. (㉠) I can watch movies better since I don't have to talk during the movie. I like the feeling of immersing myself in the movie.

8. ②

I'm a housewife in my late 50s. I've always wanted to learn the piano since I was a child, but I never had the chance. I've decided to learn the piano before I get any older. Therefore, I practice the piano for two hours every day at a piano academy. I'm working hard to fully play a piece of piano music for my family (㉠).

9. ②

Every Sunday, I go to the mountain. Breathing the clean mountain air makes me feel good, and breaking a sweat while climbing relieves stress. As a result, my health has improved compared to before. Next week, I plan to go to the mountain with my family.

10. ④

On weekend evenings, when I meet with my friends, we always go to the karaoke. We all dance and sing loudly in the karaoke room, which makes us laugh out loud. Even if we can't sing well, just having fun helps relieve stress.

11. ③

Samulnori is a traditional Korean play. (㉠) It's called Samulnori because it is played with four instruments. (㉡) The four musicians each sit in their respective places and perform energetically. (㉢) Nowadays, many foreigners are learning Samulnori. (㉣)

When people see the energetic performers, the spectators also enjoy themselves.

12. ④

(가) Paper books don't hurt your eyes. (나) That's why I always carry a paper book. (다) Nowadays, many people read books on their smartphones. (라) But I prefer paper books.

주제4 일상생활 P.88

1. ③

After coming to study in Korea, I've struggled to eat breakfast properly. My Korean language class starts at 9 am, but I usually wake up around 8:30 am. Preparing for school leaves me no time for breakfast. Consequently, I often end up having an early and large lunch. As a result, digestion becomes difficult, and I often experience stomach pains.

2. ②

These days, I've noticed a lot of people walking their dogs, whether it be in parks or on the streets. Since I love dogs, this has been a pleasant observation for me. However, there are people who may not share my enthusiasm, those who may be afraid of or dislike dogs. As such, it's important to exercise caution when taking our dogs out in public.

3. ④

Once a month, we have a special gathering at our home, where we get to try foods from various countries. Our friends from different countries bring and share their native dishes. I have tried many new dishes at these gatherings. I am very curious about what dishes my friends will bring to the gathering tomorrow.

4. ④

Yesterday, I bought a pair of sneakers online that I've been wanting to buy for a long time. It was quite expensive, so I had been waiting for a discount. Luckily, I found the sneakers at a 60% discount online yesterday. I was very happy to be able to buy the sneakers I wanted at a lower price. I can't wait for the sneakers to arrive.

5. ③

After a long time, I finally cleaned my house. The recent rains meant I couldn't open the windows, but today's clear weather allowed me to air out the house while I cleaned. I started cleaning at 2 pm and finished around 4:30 pm. Cleaning on my own was quite tiring, but seeing the (㉠) house afterward was a really pleasant sight.

6. ②

This Sunday is a classmate's birthday. (㉠) We plan to have dinner at a restaurant near our school. The restaurant, known for its delicious galbijjim (Korean braised beef ribs), serves tasty food at reasonable prices. However, since it's usually crowded on weekends, we'll need to make a reservation in advance.

정답

7. ①

I enjoy Korean food, especially dishes made with kimchi. Therefore, I plan to learn how to make kimchi in Korea. I'd like to use it to prepare a variety of dishes. I am eager to learn how to make kimchi as soon as possible.

8. ②

Next Friday is my younger brother's birthday. Today, I went to the post office (㉠) to mail the gift I bought for him. I decided on a pair of sneakers. my brother loves both sports and collecting sneakers. I hope he will love my gift.

9. ①

We have a lot of potted plants in our house. The air inside our house always feels fresh because of these plants. Looking at the flowers and trees in the pots also lifts my mood. I water the plants every weekend. I feel like the stress of the week eases when I water the plants while listening to music.

10. ②

Today, I went to the chocolate museum with a friend. Initially, I wasn't interested in chocolates, but since my friend loves chocolates, we decided to visit the museum. Once there, we got to learn about the history of chocolates and even got to make some. The chocolate museum was much more enjoyable than I thought. I'd like to visit it again.

11. ②

Recently, my shoulders and neck have been hurting a lot. (㉠) It seems that working on the computer for extended periods at the office is causing this pain. (㉡) As a result, I started learning yoga yesterday. (㉢) Although it is challenging as a beginner, I feel better and experience less pain in my neck and shoulders after doing yoga. (㉣)

After hearing about my situation, a friend recommended a yoga studio.

12. ①

(가) So I have reserved a movie ticket online today.
(나) I am planning to go to the movie theater this weekend
(다) because there is a movie that I want to watch.
(라) Since the theater gets crowded on weekends, it's good idea to buy tickets in advance

P.98

1. ②

In the hot summers, Koreans enjoy a piping hot dish of Samgyetang. This nutritious soup contains a whole small chicken, along with beneficial ingredients like ginseng and jujubes. It seems Koreans often turn to Samgyetang when they feel drained of energy in the summer.

2. ②

I am particularly fond of Kimchi Fried Rice, and often prepare it myself. The recipe is remarkably simple. You just need to chop the kimchi, stir-fry it in some oil, and then add the rice to the pan and stir-fry everything together. Including meat or ham can make the dish even more delicious.

3. ①

Many people enjoy Noodles. This is why noodles have been consumed by people from almost every country since ancient times. Koreans often eat their noodles cold in the summer and hot in the winter. There are varieties with soup and without soup.

4. ②

On Lunar New Year, Koreans eat Rice Cake Soup. This soup is prepared by boiling white rice cakes. Eating a bowl of Rice Cake Soup is believed to add a year to your age. So, when you ask children, "How many bowls of Rice Cake Soup have you eaten?" it's the same as asking, "How old are you?"

5. ③

In my country, we don't eat seaweed. (㉠) I first saw seaweed when I came to Korea. The seaweed is black and when you eat it, it smells like the sea, which I didn't like. However, a few days ago, I tried the Gimbap that my friend made and it was really delicious without any smell of the sea. Seaweed is good for the body and especially good for the eyes, so I should eat it often.

6. ③

My favorite Korean food is pork belly. I used to (㉠) prefer beef. However, my thoughts changed after trying pork belly. If you grill the pork belly and wrap it in vegetables, it is so delicious that it brings happiness. Now, I feel like I can't live without pork belly.

7. ①

Koreans eat seaweed soup for breakfast on their birthdays. Therefore, Koreans often ask the birthday person, 'Have you had your seaweed soup?' However, if the birthday and exam day coincide, they do not consume seaweed soup (㉠). This is due to the belief that eating seaweed soup, which is slippery like seaweed, may lead to failure in the exams.

8. ①

Bibimbap is the most favored Korean dish among foreigners. Bibimbap is a dish where various colored vegetables and meat are served over rice and mixed before eating. As you can add as much red pepper paste or soy sauce as you want, even those who cannot handle spicy food can enjoy it. (㉠) people can just mix in vegetables. Bibimbap is healthy and delicious, hence it is loved by both foreigners and Koreans.

9. ③

I love the cold winter. The reason is because I can enjoy delicious roasted sweet potatoes. Roasted sweet potatoes are sweet potatoes grilled over a fire. Eating a warm sweet potato while blowing on it is truly delectable. I wish the cold winter would come soon.

10. ④

Rice cakes are Korean's favorite traditional Korean food. Rice cakes are mainly made using rice, but they can also be made with other grains. Koreans love rice cakes so much that there are a vast number of types. Rice cakes are a must on special occasions like holidays and birthdays. Nowadays, rice cakes are cooked in a variety of ways, such as in tteokbokki, tteok ramen, tteok skewers, etc.

11. ②

Lemons are sour, yellow fruits. (㉠) Lemons are used to make cold beverages and warm teas, and are also used in cooking. (㉡) If you wipe a food container that smells with a lemon, the smell will not linger. (㉢) Moreover, if you use a lemon in laundry, it can restore the whiteness of clothes that have changed color. (㉣)

Lemons are fruits but they can also be used in daily life, not just for eating.

12. ②

(가) Making tteokbokki is very easy.
(나) Once the water boils, add vegetables and fish cake and let it boil a little longer.
(다) Finally, add tteokbokki rice cakes and let it boil.
(라) Firstly, boil red pepper paste, soy sauce, sugar, and garlic in water.

주제6 장소 P.108

1. ④

To open a bank account, you need to visit a bank. Once at the bank, you'll find a place where you can take a queue number. After drawing a number, you wait until your number is called to approach the counter. At the counter, if you present your ID and fill out the application form, they will create your bank account.

2. ②

The Jungnang Stream is in front of our house. The water in the Jungnang Stream is clean, and many fish live there. There's a walkway next to the stream. People often exercise or take walks on this path in the morning and evening. Many people also walk their dogs here.

3. ④

Gyeongbok Palace is a palace located in Seoul. The palace is where the kings used to live. I went to Gyeongbok Palace with my family last weekend. Near the palace, I rented a hanbok (traditional Korean clothing), and those who wore a hanbok could enter for free. The palace was beautiful with many flowers and trees. Walking around Gyeongbok Palace in a hanbok made me feel like an ancient king.

4. ④

The 5-day market is a market that opens once every five days. The market days differ by region. In our neighborhood, the 5-day market opens on the 2nd, 7th, 12th, 17th, 22nd, and 27th of each month. On market days, I go to the market with friends to look around. We look at flowers and clothes. When we get hungry, we buy and eat food sold in the market. Market food is cheap and tasty, which is why we like it.

5. ①

Yesterday, I hurt my leg while playing soccer. I went to the hospital, and they said there was no problem with my bones. (㉠) However, the pain was so severe that I couldn't walk. My friend suggested I go to a traditional Korean medicine clinic. This clinic treats patients with traditional Korean methods. I think I will visit the clinic tomorrow.

6. ①

When the weather is hot and I feel bored, I go to the library. If I go to the library, I can read books in a cool reading room. Although you can't eat food in the reading room, if you want to eat, you can go to the cafeteria or restaurant (㉠). The restaurant in the library is very good because the food is cheap and tasty.

정답

7. ④

In Korea, there are baseball stadiums where you can enjoy barbecues while watching a baseball game. They offer all necessary barbecue items at an affordable rental rate, so you don't need to (㉠) anything in advance . You can buy as much meat and vegetables as you want and enjoy them there. Many people also enjoy watching baseball while eating chicken or pizza. Watching a baseball game while enjoying delicious food can make the game even more fun.

8. ③

Internet cafes, or PC rooms, in Korea are well-equipped and extremely convenient. The computers in these PC rooms are very fast and have big screens, making gaming enjoyable. If you feel hungry while gaming, you can (㉠) food using the computer . There are simple snacks like beverages and biscuits, as well as meal options like hamburgers, stir-fried rice cakes, ramen, and fried rice. They also have seats for two or three people, so it's even better if you go with friends.

9. ②

When you visit a museum, you can learn about the history and culture of that country. Therefore, I always visit museums when I travel abroad. Next week, I am planning to visit a museum in Seoul. As Seoul is a city with a long history, I am looking forward to my visit.

10. ④

Yesterday, I went to a coffee shop to meet a friend. I ordered a coffee and sat down waiting for my friend. However, a woman sitting next to me left her laptop and bag at her seat and went outside. Although the coffee shop was crowded, no one showed interest in her belongings. In our country, leaving things unattended like this usually results in them being stolen. It seems there are many honest people in Korea.

11. ②

A cinema where you can lie down to watch movies has opened in our neighborhood. (㉠) As soon as the cinema opened, I went to see a movie with my friend. (㉡) When you press a button on the chair, the chair extends so you can lie down. (㉢) It was really comfortable to watch a movie lying down. (㉣) The price is a bit high, but I think I'll use it frequently in the future.

The cinema typically had larger chairs than those in theaters.

12. ①

(가) However, I prefer the countryside.
(나) Normally, young people prefer cities.
(다) The reason I prefer the countryside is because you can be close to nature.
(라) I plan to continue living in the countryside.

주제7 생활용품 P.118

1. ④

Last Wednesday was my friend's birthday. This friend tends to sweat more and always claims to feel hot compared to others. So, I gave a small fan as a gift. The fan was lightweight and cooling, and my friend really loved it. Seeing my friend happy made me feel good too.

2. ③

Coins bear various images, including people, animals, plants, buildings, and more. Korean coins come in 500 won, 100 won, 50 won, 10 won, 5 won, and 1 won denominations. A bird is pictured on the 500 won, a human on the 100 won, rice on the 50 won, and a building on the 10 won coin. The 5 won features a ship, and the 1 won has a flower, but the 5 won and 1 won coins are not commonly used in Korea.

3. ②

I enjoy using my smartphone. When I'm bored, having a smartphone allows me to listen to music and play games. Televisions are large and heavy, so they can't be carried around. However, smartphones are small and lightweight, so I can watch news and even movies or dramas anytime, anywhere.

4. ④

Today, while tidying up the house, I found a diary I used to write in as a child. I couldn't write well, nor could I draw well, but I was very happy to find the diary. It had everything I did and thought about when I was young. Reading the diary brought back old memories. I haven't written in a diary since becoming an adult, but I think I should start again.

5. ④

Last year, I bought a laptop at a used goods market. But recently, the laptop has been slowing down. Sometimes it suddenly freezes or turns off. It seems to have broken down. I'm worried about the potential cost as I have to (㉠).

6. ②

Yesterday, I saw a person playing the guitar beautifully in Daehangno. People stopped in their tracks to listen to the sound of his guitar. Everyone applauded when he finished playing. He may not have been handsome, but he seemed very (㉠). Suddenly, I wanted to learn to play the guitar. So, I went to a music store, bought a guitar, and a guitar book. I hope to play the guitar as well as him someday.

7. ②

In our country, we use a fork to eat, but in Korea, people use chopsticks. And when you go to a Korean restaurant, you'll only find spoons and chopsticks. (㉠) I am currently learning how to use chopsticks. At first, I kept dropping the chopsticks and had difficulty picking up food, but now I can manage to pick up larger items like kimchi.

8. ①

I woke up in the morning with a severe sore throat. I couldn't move because my throat hurt even when I moved my head slightly. I went straight to the hospital. The doctor told me (㉠) is bad for throat health. They also said that looking at the computer for too long is not good. I need to switch to a lower pillow for my throat health. I also need to exercise my neck after looking at the computer.

9. ①

Last weekend, I went on a cultural experience to a pottery making place with my friends. We made cups there. And we drew pictures on the cups. My friend drew stars and airplanes. Some friends drew trees or flowers. I am learning Korean now, so I wrote Korean consonants and vowels. The cup I made will be delivered by courier next week. I wish the cup arrived quickly.

10. ③

If you want to exercise but don't have time, try indoor cycling. You can save time coming back home from exercising because you can ride an indoor bike at home. You can ride it on a rainy day, snowy day, or when the wind is strong. And you won't get bored because you can watch TV or listen to music while riding.

11. ④

I received the shoes I ordered online last weekend today. (㉠) The shoes were very beautiful. (㉡) However, when I tried them on, they were a bit small. (㉢) I couldn't walk because my feet hurt. (㉣) I was worried I couldn't exchange them, but they said they would send me a larger pair. I should order more of the same shoes in different colors.

I wanted to change the shoes to a bigger size, so I called the company that sold the shoes.

12. ①

(가) There are children who can't lift their heads because they're in pain.
(나) I haven't cut my hair for 3 years for those children.
(다) But today I cut my hair.
(라) I will make a wig with the cut hair and give it to those children.

주제8 특별한 날 P.128

1. ③

Today marks the 100th day since I met my girlfriend. For this occasion, I have prepared various surprises for her. Initially, I searched online for a popular restaurant and made a reservation. I've also purchased a gift and written a letter for her. I hope my girlfriend likes what I've prepared for her.

2. ①

Tomorrow is my university entrance ceremony. Once the ceremony concludes, I will officially become a university student. There are numerous things I'm excited to do as a student. I wish to work hard in my major, get a part-time job to earn my living expenses, join clubs to gain diverse experiences, and make lots of friends and seniors.

3. ②

Our guitar club is having a concert next Saturday. We have been practicing guitar for three hours daily, two months ahead of this concert. The more we practice, the more our guitar-playing skills improve. I eagerly look forward to next Saturday, when we can showcase our guitar performance to a large audience.

4. ②

Next, my parents and I visited the spring flower festival today. The festival venue was adorned with a variety of blooming spring flowers, which were genuinely beautiful. Delicious food and teas made from flowers were on sale. We took beautiful pictures and enjoyed some scrumptious food. The festival was quite crowded but truly enjoyable.

5. ④

May 8th is Parents' Day, a day to express our gratitude to our parents. On this day, we (㉠) our parents with carnations. In the past, we either pinned a single carnation on their clothes or gifted a basket of carnations. Nowadays, we often gift carnations made from soap or potted carnations that can be grown for a longer time.

6. ③

Every year on October 9th, Hangul Day, our school holds a 'Korean Speaking Competition.' I've decided to participate in the competition this year because I want to assess my Korean language proficiency. I've been learning Korean for over a year now. As I learned, I came to appreciate the advantages of Hangul and plan to present this at the competition. I am practicing diligently (㉠)for the competition.

7. ③

Today is the day to make Kimchi. Every December, our company makes Kimchi to distribute to our less fortunate neighbors. Since I joined the company ten years ago, I've been involved in this task for over ten years. Though making Kimchi and delivering it to our neighbors is physically demanding, (㉠) thinking about the happy neighbors enjoying our Kimchi makes me smile.

8. ③

Chuseok, alongside Lunar New Year, is one of the most important holidays in Korea. During Chuseok, also known as the Korean Thanksgiving, various events take place. In the morning, we hold memorial services (㉠) for our ancestors and visit their graves. There are also places where traditional games like Kangkang Suewollae (circle dance play) and Ssireum (Korean wrestling) take place. In the evening, we gaze at the moon while making wishes. And, we make and eat Songpyeon, which is a traditional food eaten during Chuseok.

9. ④

Today, being payday, I took my younger sister out for dinner and a movie. Despite my busy schedules, I felt great having spent time together and catching up. My brother was smiling throughout the evening and shared many stories. Seeing my brother so happy, I thought we should have such times more often.

10. ④

March 22nd is World Water Day. With increasing population and rising temperatures, water scarcity is becoming a significant issue. Additionally, the pollution of water due to the disposal of waste from factories and households is aggravating the situation. Many events are held on World Water Day to raise awareness about these issues. However, it's even more crucial that each person appreciates the value of water and develops a habit of using it wisely.

11. ③

Today, I moved from my dormitory to a studio apartment near my school. Although I didn't have a lot of belongings, I planned to do it all by myself. However, my classmates came to help me. (㉠) They not only helped me carry my moving boxes but also assisted me in organizing my new place. (㉡) Thanks to their help, I was able to finish moving faster than I had anticipated. (㉢) After everything was done, I ordered jajangmyeon, a Korean-Chinese noodle dish. (㉣) The jajangmyeon I shared with my friends was indeed delicious.

I've heard that in Korea, people often order and eat jajangmyeon on moving day.

12. ③

(가) However, when I receive my New Year's money (Sebaetdon) during the upcoming Lunar New Year, I would like to try something different.
(나) Until now, I've always used my New Year's money to buy items I've wanted.
(다) During the Lunar New Year, when we bow to our elders (Sebae), we receive this New Year's money.
(라) My new plan involves donating my New Year's money to aid those in need.

P.138

1. ④

One of the things that foreigners coming to Korea find most difficult is the language issue. Foreigners who do not know Korean often find themselves at a loss when they need to go to a hospital or make a reservation for accommodation. In such cases, you can call 1588-5644. After making the call, if you select the language you are fluent in, you will be connected with someone who can assist you in that language.

2. ④

I will tell you how to discard paper and bottles at Clean House. Newspapers, books, paper boxes and glass bottles need to be separated. It is good to tie the same type of paper together and discard it. Glass bottles should be cleaned before disposal. Bottle caps should not be discarded with the bottle, but should be disposed of separately.

3. ④

Here's some good news for those with pet cats at home. Have you been worried about your cat at home when you have to travel or go on a business trip? There is a company that visits your home and takes care of your cat on your behalf. Once this company is requested to visit a home, you can confidently leave your cat under their care because you can communicate with the homeowner via video call from the time they enter the house until they leave.

4. ②

We have some news about our apartment this week. We plan to repair the elevator from Monday, October 21 to Friday, October 25. During this period, we ask for your understanding and cooperation in using the stairs. If you would like more detailed information about the repairs, please visit the apartment office or call us.

5. ④

Today, I will introduce a special market in our neighborhood. This market opens for one hour on the 1st and 20th of every month. Here, people sell various things they have made. There are people who sell accessories, people who sell bags, people who draw pictures, and people who sing songs. Come here and you will have a really fun experience for an hour (㉠), so please come and see for yourself.

6. ③

Every fourth Wednesday of the month is a day to use buses or subways. On this day, even people who usually drive take buses or subways. This is because it is (㉠) a matter for our city, and more and more people are joining. In the future, we hope that more people will use buses or subways so that our city can become cleaner.

7. ①

Do you find it difficult when you need medicine on a holiday and the pharmacies are closed? At such times, search for 'Holiday Pharmacy Guardian' on the internet. The 'Holiday Pharmacy Guardian' website provides information about pharmacies across the country. Here, you can find the location and opening and closing hours of the pharmacies, and their contact numbers. (㉠) You can find out what kind of medicines you can buy at the pharmacy and how to use them.

8. ②

Have you ever heard of a mobile library? The mobile library lends books to residents who find it (㉠) inconvenient to use the library, by filling a car with books and going around. It travels to three places from 10 a.m. to 4:30 p.m. on weekdays. It stays about two hours at each place. You can also read books around the mobile library or borrow books to take home. You can borrow up to five books at once for a week.

9. ④

Have you ever experienced discomfort while taking a taxi or a bus? If so, please call 120. When you report your discomfort by calling 120, they can quickly address your issues. Also, when you don't know the bus schedule, you can call this number and they'll tell you the arrival time. As you can call 24/7, 365 days a year, if you have any problems or questions while using a taxi or bus, please get in touch.

10. ③

One of the common worries among drivers is dealing with bad odors inside their cars. There is a simple and easy solution to this problem. Place a halved apple inside your car. After about a day, the bad smell will be gone. You can also solve the odor problem using tangerine peels or lemon rinds.

11. ①

A photography class has started at our local community center. Photographer Kim Kijoon is teaching residents how to take photos for free. (㉠) The class takes place in a classroom from 1 to 3 PM, and from 3 to 4 PM, we go outside and take photos. (㉡) At the end of the year, we are planning to have an exhibition in the first-floor gallery of the community center with photos taken by the residents. (㉢) We kindly ask for the interest and participation of all residents. (㉣)

The class takes place every Saturday from 1 to 4 PM.

12. ④

(가) Even so, if you must venture outside, it's advisable to don a mask and sunglasses.
(나) After returning home from being outdoors, it's essential to thoroughly wash your hands and feet.
(다) Lately, there has been an upsurge in air pollution with dust particles harmful to health, resulting in many days of poor air quality.
(라) On such days, it's best to refrain from going out.

주제10 기타·상식 P.148

1. ②

People often place flowers in their homes or give them as gifts. This is because seeing flowers uplifts one's mood. However, the flowers in a vase need to be discarded after a few days. Therefore, recently, soap flowers have emerged. These flowers, made from soap, not only smell good but also last longer, making them great gifts.

2. ④

There used to be a time when we primarily used the internet through computers. However, the era of the Internet of Things (IoT) is upon us. IoT is a service that connects various devices in your home, like washing machines, televisions, and refrigerators, to the internet for your convenience. We refer to this as 'IoT'.

3. ③

People generally sleep for 7 to 8 hours out of a 24-hour day. The reason we sleep so much is to rest and prepare for the next day. Therefore, it is important to sleep well. Many people sleep in their clothes, but actually, it is healthier to sleep without clothes. This allows for better blood circulation and comfort

4. ④

In Korea, there are three types of fermented soybean paste, namely Doenjang, Ganjang, and Gochujang. Doenjang is made from boiled soybeans, and while making Doenjang, Ganjang is also produced from the same soybeans and brine. Gochujang is made from chili powder and glutinous rice powder. These Doenjang, Ganjang, and Gochujang are used in almost all Korean dishes

5. ③

Have you ever heard of 'mural villages'? These are villages that have become famous for the beautiful paintings on their old walls. More than ten villages across the country are known for their murals. Mural villages attract many tourists due to the variety of beautiful paintings on their walls. (㉠) with the increase in tourists, the villages have become noisier and dirtier, leading to an increase in complaints.

6. ①

Bananas are fruits that can be easily purchased anywhere. They are cheap and tasty, making them a favorite of many people. When you have trouble digesting, eating a banana can aid digestion and make you feel comfortable. Also, when you are feeling down or stressed, eating a banana can lift your mood. Eating a banana can also be helpful when (㉠) you're having a hard time at night. It is beneficial to have a banana with milk

7. ①

When autumn comes, you can see the leaves change color. The colors of autumn leaves can be broadly divided into red, yellow, and brown, and among them, Korea is especially beautiful for its red autumn leaves. People love going on picnics to mountains and fields to see the autumn leaves. The autumn leaves are best formed when the weather is very clear and cold. However, if there are many warm and (㉠) days, the autumn leaves do not form well.

8. ②

In Korea, there's a saying, "Even monkeys fall from trees." It means that even if you are very proficient at something, you may occasionally make mistakes. Everyone can make (㉠) in exams, sports matches, or business. But it is important not to give up at that time and to continue to strive till the end. Those who work hard can achieve good results.

9. ①

Some people enjoy traveling alone. When traveling alone, you can reflect on various thoughts while looking out the window when riding a bus or a train. You can also engage in conversations with people sitting next to you, allowing you to hear new stories that you did not know before.

10. ③

Noise is referred to as sound that causes disturbance. Usually, when we mention noise, we think of sounds that upset us. However, among the noises, there are sounds that make us feel good. This is called white noise. The sound of rain, the sound of water flowing, and the sound of tree branches swaying in the wind are all examples of white noise.

11. ④

There are a lot of comic books in our house. (㉠) This is because my hobby is reading comic books. (㉡) I like reading comic books because it allows me to imagine various things. (㉢) I imagine visiting the past or the future, or meeting exciting people in other countries. (㉣) Given the opportunity, I'd like to turn these stories into comic books.

Sometimes, I even write down the things I imagine.

12. ①

(가) So, I couldn't go to school.
(나) I've had a high fever since this morning.
(다) I think it might be because I got soaked in the rain yesterday.
(라) Next time, I'll need to pay close attention to the weather forecast and carry an umbrella.

정답

Part 3 실전 모의고사

1회 실전 모의고사 P.160

31. ① 32. ④ 33. ③ 34. ② 35. ③ 36. ④ 37. ② 38. ④ 39. ② 40. ②
41. ④ 42. ④ 43. ③ 44. ③ 45. ④ 46. ③ 47. ④ 48. ① 49. ① 50. ②
51. ① 52. ② 53. ② 54. ③ 55. ① 56. ② 57. ① 58. ③ 59. ③ 60. ④
61. ② 62. ④ 63. ④ 64. ② 65. ③ 66. ① 67. ② 68. ③ 69. ① 70. ①

2회 실전 모의고사 P.180

31. ② 32. ① 33. ④ 34. ③ 35. ② 36. ① 37. ② 38. ③ 39. ④ 40. ①
41. ① 42. ② 43. ④ 44. ③ 45. ② 46. ④ 47. ③ 48. ④ 49. ③ 50. ④
51. ③ 52. ④ 53. ② 54. ④ 55. ② 56. ① 57. ② 58. ④ 59. ① 60. ①
61. ② 62. ④ 63. ④ 64. ② 65. ② 66. ④ 67. ① 68. ① 69. ③ 70. ④

memo

한국어능력시험

HOT TOPIK I 읽기

초판인쇄	2024년 3월 11일
초판발행	2024년 3월 18일

저자	김순례, 김애라, 김종숙
편집	김아영, 권이준
펴낸이	엄태상
디자인	김지연
조판	이서영
콘텐츠 제작	김선웅, 장형진, 조현준
마케팅본부	이승욱, 왕성석, 노원준, 조성민, 이선민
경영기획	조성근, 최성훈, 김다미, 최수진, 오희연
물류	정종진, 윤덕현, 신승진, 구윤주

펴낸곳	한글파크
주소	서울시 종로구 자하문로 300 시사빌딩
주문 및 교재 문의	1588-1582
팩스	0502-989-9592
홈페이지	http://www.sisabooks.com
이메일	book_korean@sisadream.com
등록일자	2000년 8월 17일
등록번호	제300-2014-90호

ISBN 979-11-6734-047-4 (03710)